一本书读懂绩效管理

刘祯 / 著

Performance management

中国友谊出版公司

图书在版编目（CIP）数据

一本书读懂绩效管理 / 刘祯著. —北京：中国友谊出版公司，2019.8

ISBN 978-7-5057-4682-4

Ⅰ.①一… Ⅱ.①刘… Ⅲ.①企业绩效—企业管理 Ⅳ.①F272.5

中国版本图书馆 CIP 数据核字(2019)第 067870 号

书名 一本书读懂绩效管理
作者 刘　祯
出版 中国友谊出版公司
策划 杭州蓝狮子文化创意股份有限公司
发行 杭州飞阅图书有限公司
经销 新华书店
制版 杭州中大图文设计有限公司
印刷 杭州钱江彩色印务有限公司
规格 880×1230 毫米　32 开
7.5 印张　132 千字
版次 2019 年 8 月第 1 版
印次 2019 年 8 月第 1 次印刷
书号 ISBN 978-7-5057-4682-4
定价 42.00 元
地址 北京市朝阳区西坝河南里 17 号楼
邮编 100028
电话 (010)64678009

献给每一位奔赴卓越的攀登者

序一

好戏连台

锄禾

锄禾日当午，汗滴禾下土。

谁知盘中餐，粒粒皆辛苦。

——【唐】李绅

2018 年正好是改革开放 40 周年，而也正是改革开放政策的实施，让中国企业的发展步入快车道。相信在这个特殊的时间点上，回顾过去中国企业的成长历程将会成为时下人们讨论的一大热点。我最初也想围绕这一话题去创作本书，不过思来想去，最终还是放下了这个念头。一方面，我相信会有很多人去写这个主题，并且会写得很好；另一方面，我认为在这个特殊的时间点上，我们不仅要回顾自身的成长历程，更应该敞开胸怀，走向世界，学习更好的知识与方法。改革开放倡导的不正是“对内改革、对外开放”这一理念吗？如果我们仅仅回顾企业的成长历程，那恰恰是在纪念改革开放的时刻把自己封闭起来了。

我创作本书的目的很明确，就是想要找出优秀企业和杰出个人的高绩效背后的原因。不论这些企业和人物来自哪里，是何领域，只要是优秀的，值得我们学习的，就将之总结提炼，以期整理出一本融汇全世界最好“养分”的书，帮助我们在接下来的发展中走得更好。很多时候，我们的绩效是被自己埋藏起来了。当我们有意识地去发现、去学习、去行动，就能挖掘出潜在的绩效。而很多人的绩效实际上处于沉睡状态，它不会自己醒来，我们需要主动将其唤醒。

所以，改革开放40周年不仅是个值得欢庆的日子，更是一个提醒我们需要唤醒自己、警醒自己的时刻。因为改革开放的成就来之不易，有些人和企业醒了，有些人和企业还沉浸在以往的辉煌中。我们以为在这40年中我们进步了，没错，但是进步并不意味着可以松懈。总有人会走在我们的前面，他们或是进步的速度比我们更快，又或是规划的眼界比我们更深远……这些都值得我们去挖掘、去学习、去行动。只有唤醒自己、超越自己，才能持续进步，这就是本书的内容和意义。

也许，有人会说，过去我们不是一直在向优秀企业、个人学习吗？甚至有人觉得国外企业、个人的发展经验是不可取的，因为国情不同。但是差异性是不可避免的，我们需要换个角度，正向地来看待他人的闪光点，他们之所以成功，必定会有可取之处。关键是，我们是否找到了可取之处，我们是否真正用心去学习、去吸收，这些做法是否真的触动了我们的内心，驱动我们去努力。所以，面对同样的企业实践，在不同的时代，我们也应该有不同的认识。我希望可以秉承这一理念，去研究分析案例，归纳解决问题，以找出真正有助于今天中国企业和中国人发展成长的答案。

我在创作这本书的过程中，会时常将自己代入到笔下的那个时代和场景，仿佛在创作的过程中，自己真正进入到了那个时代和场景，真切感受着当中发生的变化和成长。伴随着这种时代发展的气息与企业生长的力量，我掌心冒着虚汗，写下了这些文字，相信读者看完之后也会有这种感受。本书涉及几十家企业在几十年甚至数百年里的成长历程。在这些“唤醒绩效”的故事背后，是无数人和企业的智慧与心血的付出。这些付出带给无数人福祉，才有了今天的美好社会。

这是一次研究和写作，但又如同在拍摄和导演一部影片。与拍摄电影不同的是，这里述说的是真实的影像。这是文字，也是画面，并且是动态的画面，因为真实的历史就是动态的，是精彩纷呈的，能折射出管理的智慧之光。我们可以通过这些影像穿梭于时代的发展当中，并且也能从中获益匪浅，唤醒自己的绩效。其实企业的发展与个人的成长都好比是正在上演的一出戏，而我想在本书中阐述的经验教训就像那一声声警钟，提醒我们如何习得管理的智慧与力量，如何不断前进，演绎好自己的人生。

当然，在本书中我只选取了一小部分的优秀企业。在时代不断发展变化的过程中，总会有一些企业倒下，也会有新的企业涌现出来。如果我在本书中呈现的内容能够为读者提供微小的助力，那么该书的使命也就完成了。不论结果如何，我始终会以研究企业成长历程，帮助中国人和企业更好地成长为自己的目标，不断前行。

最后，我衷心希望不论外界环境如何，不论工作压力多大，我们都能空出一些时间来，平静自己的心绪去阅读、学习一些知识。海纳百川就会顺，心急火燎就会烦。只要我们每天坚持学习知识，并且敞开心扉去接纳别人所长，就能收获比别人更多的智慧，为自己铺就更为平坦的道路。在前行的人生之路上，不是没有人会来帮助我们，而是他人的帮助无法取代我们自己的努力。

在此与各位读者共勉！

刘祯

2018年8月于上海

序二

像小猫一样学习

科学家把小猫关在笼子里，笼子外面是小猫最爱吃的鱼肉。小猫很想吃鱼，但一开始，它并不知道如何从笼子里出来，所以它尝试了 10 个小时才成功吃到鱼肉。科学家又把小猫放回笼子，第二次小猫用了 9 个小时，就这样重复进行实验，小猫出来得越来越快，等到第 100 次的时候，小猫用 1 分钟就逃出了笼子。

这个故事是在说“熟能生巧”吗？当然有这个意思，但不是这么简单。

小猫逃出笼子的速度之所以不断提升，是因为它进行了学习，通过一次次的尝试、碰壁，从中总结出哪里能碰、哪里不能碰，哪条路可行、哪条路不可行，最后才变得驾轻就熟。

我们将这个小实验与企业的管理实践相结合，可以得出更为深层全面的认知。

现实世界中，小猫就好比“年轻员工”或“小型企业”，而逃出笼子的时间从 10 个小时到 1 分钟，则代表着个人或企业绩效的增长。相对的，这个实验的整个演变过程则代表了个人或企业的成长。当然，鱼肉在这里代表着个人和企业所需求的东西，比如年终奖和行业地位，也可以看作是一种绩效的奖励或回报。同时，这也意味着，当我们有所成绩时，也会收获相应的回报。

综上可得，我们想要成长，就需要进行学习。如果在每一次行动后，我们不去思考在这次行动中哪里做得好、哪里有所欠缺，不对其进行总结反思，自己就不会有提升。

通过小猫的故事，我们可以得出以下五点启发：

一是，要给自己空出时间做总结。当下，把时间花在总结上；未来，就可以节省出更多的时间。有许多人每天都像不知停歇的“陀螺”，只顾忙碌，可如果他们能够在间歇时，花一些时间对自己的工作进行总结，那么就能大幅提升自己今后的工作效率。如果我们不舍得花时间去总结，或者没有这个意识，那么今天做一件事花了 10 个小时，明天可能还是花同样的 10 个小时。如果我们不做反思，就会发现自己一直忙碌，没有任何提升。究其原因，就是没有对自己的工作进行总结。

二是，员工在工作中不仅需要学习工作方法，还需要了解、学习企业文化。一个员工刚进入公司，就要有意识去了解企业文化。公司倡导什么样的积极行为，不提倡什么样的行为，要迅速去捕捉，这样会让自己快速进入工作状态。同样，一个企业进入一个地区或新的业务领域，也要有意识地去探索和学习在这个地区和领域当中顾客的生活方式是什么，自己可以怎样更快速地融入顾客的生活。

三是，不要在制度上犯错。不论是人还是企业都要有意识地快速学习相关法律法规和制度公约。不应在这些问题上试错。通过触犯法律制度的方式来了解法规，是得不偿失的。

四是，不要试图一次性完美，先迈出第一步，再一步一步做好。如果小猫始终站在原地不动，1 分钟逃出笼子的完美目标永远无法实现。所以，要变得优秀或卓越，必需要先做，不能空想没有行动，也不能先做不动脑，要从行动中学习。行动加上学习意识，才能让自己一点点成长。

五是，不吃苦，就不能成长。小猫一次次的碰壁，其实就是在吃苦。不吃苦头，不疼不痒就想学到真本事，这是不可能的。

以此作为序，也许在一些读者看来是“老生常谈”或是平淡无奇，但这恰恰是我很担心的地方。人们通常喜欢创新的观点，喜欢追求新意，喜欢华丽的表达。但是我必须要指出的是，创新本身并不是观点，对于企业和个人来说，真实的定义只有一个——能够创造出绩效。做企业的人如果很喜欢新颖的观点，必须要问问自己：新颖距离真实的绩效有多远？因此我们需要的只是走出刻意追求新意的思维定式，触摸到真实的绩效。而很多时候所谓的“创意”正是通向绩效的弯路。这些道路走起来很新，可能也使你自我感觉不错，但就是无法通往我们想去的地方。反过来说，那些获取真实绩效的企业其实看起来也并没有多大的新意，但是愿意尊重规律，不是以新和旧来评价观点，而是以有效性和真实规律来作为行动准则。最可怕的是我们大脑里装满了创新的想法，每天读的也都是新锐的观点，从而引导着自身去做这样的创新。然而这样的动作已经偏离真实的绩效航道，之后又不得不回归现实，重拾那些看似再简单不过的道理，最后才捕获到绩效。直到那时，才幡然醒悟。

一个典型的例子就是如今众多企业都在效仿拥有千亿美元销售额的华为，甚至从华为走出去的经理人也往往会成为很多企业想要的顾问或高阶经理人。可是很多人也许并不明白，华为之所以很难被效仿，原因就在于大家都学“偏”了——我们太在意、太追求一个企业的创新点了。实际上，创意本身并非华为的伟大之处。

我和不少“老”华为人有过交流，之所以用这个“老”字是为了表达我对他们的一种敬意——能在这样的企业坚持10年甚至更久的员工，是值得被人尊敬的。坦白说，如果一个人十分追逐新意，他也许很难在企业走过10年。因为企业从来不是新意的试验田，在企业的长久意味着一个人必须转化成为规律的实践者。很多人以为工作总结这件事没什么新奇的，可是华为内部却有无数的工作文档，如此普通的事情别人觉得没有新意，但是华为会认真地去执行。所以华为的工作法才得以沉淀，而有了方法，华为就可以不依赖于任何个人的存在，因为方法可以不断地在实践中被复制和改进。

我也和一些销售团队有过交流，一些人也许以为销售体量不佳是因为缺少精英，困惑于能不能找到销售能手。事实上，销售能手也许恰恰是销售体量的障碍，真正取得巨大业绩突破并不是依赖于某一个个体，而是依赖于销售方法论。其中关键的问题，就是成功销售的策略和关键行动。如果找不到适用于企业本身的方法论，企业就会成长得很慢。当然，一些人也表示：别人凭什么贡献出自己的方法？这就是那些有方法论的企业与众不同和强大的地方了。知识沉淀是一种工作习惯，所有人都在探索和总结，但只有在总结之后继续往前走，不断去摸索新的有效方法，个人和企业才可以保持领先。

外界往往将华为的“床垫文化①”理解成“在华为工作很辛苦，甚至很残酷”。但在华为摸爬滚打超过 10 年的人却告诉我：床垫就是让人休息的。道理就是这么简单。那些从床垫联想到企业残酷的人，早已偏离了本质。因此我们并不缺想法，相反我们是想得太复杂了，以至于无法保持简单纯粹的认知。

值得我们注意的是，当我们把太多精力放在创意和质疑对错时，有人已经把事情做完了，这就是效率的损耗和创造，也是简单的力量。床垫就是用作休息的，根本不需要进一步联想到残酷这样的新观点。事实上，床垫也成了提醒华为员工注意休息和健康的载体，我甚至和一些“老华为人”开玩笑说华为的生物钟已经渗透在他们的骨子里了，因

① “床垫文化”是从 1987 年华为创业以来留下的传统，意味着华为人艰苦创业、坚韧不拔，努力把智力发挥到最大，它是华为精神的一个象征。

为午饭后他们会自动“眯”一会儿，真的像小猫一样，然后满载能量地去工作。我们又有多少人能够真正了解一个好企业的工作方法和文化呢？

我们做事情要合规，不能做错事。太多人或许会说这是老生常谈。但这句话必须常在耳边响起。对于选择来说，没有任何话语比这更有价值，这会决定我们的命运。事实上，人在没有机会犯错的时候是不会犯错的。一些人说自己不会违规，说自己是很有原则的人，但也许他只是还没有机会犯错。就像电视剧《人民的名义》当中的一位巨贪，他本是黄土地出生的本分人，可当他面对诱惑的时候还是做了错事。这是企业和人都会遇到的诱惑，根本就在于我们没有理解到合规的本质，合规性往往会被机会所冲破。在这一点上，要么不让自己有任何犯错的机会，要么严守自己，并且是时刻提醒，唠叨再多都不为过。

总之，想要燎原，需先有星星之火。任正非和马云等中国企业家都在积极学习毛泽东思想，马云在阿里巴巴开展践行核心价值观的“整风运动”，任正非甚至把“星星之火，可以燎原”作为华为成长的真实写照。因为有了星星之火，华为才有了今天的燎原之势。2018 年是改革开放的 40 周年，但在这之前还有两个重要的基础：党和国家的诞生。而这些诞生的基础恰恰就是星星之火，是一点一点燃起的群众的绩效。年轻的毛泽东通过兴办夜校来点燃人民的希望，唤醒锤子和镰刀的力量，从一点点的星火开始，让希望蔓延整个社会。国家都如此，更不用说企业和个人了。我们需要一只在黑夜中的火把。

不论如何，也许真的如华为所主张的："伟大的背后都是苦难。"只是对于这句话，我们要读懂其中的潜台词。也许我们还只是看到了绩效，而没有看到绩效背后的付出。太多人羡慕成功，但是当这些人真正看到成功背后付出的苦难时，他们多数都会被吓到，于是就开始退缩，或是止步不前。一个再有智慧的人如果不行动，处于沉睡状态，这和没有智慧的人是没有任何分别的。本书总结了诸多绩效背后平实但真诚的观点，希望读者们能从中受到启发与触动。同时希望可以鼓励读者们努力行动，像一只小猫一样，不懈地努力直到彼岸，最终唤醒绩效。

所以，今天我们更需要的是从纷繁的世界当中找到产生绩效的真实认知，剔除繁杂，保持单纯，把所有的注意力都放在产生绩效的规律上，而不是用自己的主观感受或情感色彩去评价。不过，今天人们之所以很在意创新的信息，也许是因为受困于海量的信息。当前的存量信息不能满足人们的需求，不是因为这些信息本身不够。事实上，我们现有的知识存量足以帮助我们解决现有的很多问题，只是由于信息太多，对的和不对的、好的和不好的、专业的和不专业的观点全部混杂在今天的大数据时代当中，而互联网更是把所有信息集中堆积起来呈现在我们面前，所以就有了很奇特的悖论：数据如此之多，可是我们依然觉得不够用，或者不知道如何用。这迫使我们在已经是海量信息的现状当中继续追求更多新的信息，也就不断出现了更多的信息，世界也变得更加繁杂。因此，很多时候，我们真正需要的并不是增量，反而是辨别存量信息，不是把希望寄托于未来的创新，而是把焦点放在当下，化繁为简，直击问题要害，这时，绩效才会出现。

当然，有效的管理认知应该是简单的。但反过来，简单的认知却未必是有效的。比如很多人都认为应该把企业当成一个家，这个认知尽管很简单，但却违背了企业的根本。事实上，正是因为家庭概念的淡化和利益共同体的建立，才生成了现代化的企业。所以，企业是正式的理性组织。那些真正有竞争力的企业一定是按照正式理性组织的逻辑来做的，而不是按照家庭的逻辑来做的。

华为的管理者们会在企业内部谈基本法，但很少谈“感恩”这两个字。不是这两个字不好，只是彼此都很清楚，谁都没有亏欠谁。但同时，企业和个人又都在为彼此负责，除了贡献出彼此的竞争力，更大的好处是一些华为人到了该走的时候自然会走，走了也不会说公司不好。事实上这也是让很多企业都头疼的问题，因为该走的人很难动，他们会大谈感情，老板自己也不知道如何是好，最后真正发生人事变动的时候又让人觉得企业很无情。一不小心甚至会影响到企业的口碑。这一切的根源就是底层逻辑出了问题，虽然这也是简单的常识，但却是按照家庭的情感逻辑来做的，于是产生了一系列的问题和后遗症。管理是否有效，就在一念之差。从文化构成的角度来看，企业长成什么样子取决于经营企业的内在假设，企业也只能在这种认知范围内成长。假定企业是家，企业就会长成家的样子，可事实上，企业就是企业，家就是家，这就是现实。所以在这个问题上不需要去做过度的联想和阐述，对于家的认知也是如此。否则企业就不会是企业，家也不像是一个家。

当然，这个时候问题还是得解决，办法就是企业必须要拿出高额的“遣散费”，以此来为过去自己建立的不当的情感文化买单。否则因为情感的关联，硬拆彼此一定会伤害整个文化氛围。战略和效率都可以经历巨大的革命，但是文化不能，只能一点一点地被调整。这笔“遣散费”就是企业回归理性和企业本质的起点。所以，有时候即便知道企业文化有问题，管理者也只能从一个点或者试点开始慢慢改，这和“星星之火，可以燎原”的道理是一样的。要不然就脱离了现实，变成了理想而不是理性。所以，有些“小猫”在不断付出感情之后，才开始变得愈加理性，才找到了最高效的方式，真正触碰到目标。

所谓“好奇心害死猫”，其实也是在提醒我们要珍惜生命，哪怕命有再多条，都无法承受任性的代价，更何况企业和人都没有那么多条命来消耗。家就是家，企业就是企业，也别想太多，否则，就乱了。任正非在华为内部告诉华为人要“在理性与平实中存活”，这就是销售额高达千亿美元的华为的活法，没有什么新奇，也一点都不潇洒。我见过有些年轻的企业曾试图采用一些新鲜的活法或者说法，但是绕来绕去，最终还是回到奋斗者的朴实表达上来。因为唯有如此，才能通往业绩，并且是用最少的损耗。那些诸如“打造一个舒适温馨的家”之类好听的、时髦的做法，因为最终没能达成企业预期的绩效，最后全部沦为企业的成本。理性已经是最短的路径，世界上也没有比奋斗更短的捷径，这是企业和人的生存法则。

从这一点上看，在国内做企业的确是有挑战的，因为中国文化侧重人情。但企业如果尝试去满足人情的需要，就可能会让企业变得越来越复杂，并且距离拥有高绩效的真实企业越来越远。所以，我们要让企业保持理性，就得把人拉回到理性，回到现实当中。因此任正非实际上是非常理解人性尤其是中国人的人性的一位企业家，所以他才会这样和华为人交流，确切地说，应该是他引导了华为人，因为这样的理性引导，他带领的华为团队才能有如此出色的业绩。

这样我们就能理解为什么现代企业是伴随家庭概念的解体、利益共同体的出现演变而成的，这是现代企业与传统的、不够成熟的家庭式作坊的区别。现代企业的发展更进一步地推动了经济社会的大力发展，也让人们的生活变得更加美好。

当然，到了这个时候，也许我们又会觉得，理性的观点依然是很简单的常识，自己对此并不陌生。可事实上，即便是对于同样耳熟能详的观点，因为有了深刻的思考和真实的行动，也会让同样知道这一观点的人产生不同的绩效。所以，有人会说观点对，有人又会说观点错，其实是因为自己对规律的知行不够深刻和笃定。因此，关键不在于我们是否知道，而是在于是否真正知道，并且是否可以付出行动。

直到我们把自己的绩效唤醒，自己才是对的。

目录

chapter 3 瓶颈的另一端

chapter 4 最好的激励，就是给他最想要的

chapter 5 领导者的新衣

chapter 6 激活组织

chapter 1
经营个性

常有人说，性格决定命运。不过，要真正把握好自己的命运，需要从更深的层次来理解这句话的意思。每个人的个性都是极其宝贵的，我们应该用心经营，用持续的行动和价值贡献去证明个性存在的真实意义，让个性变得充实，而不是空有个性。

“性格迥异”的企业

在广东家电市场上，有两家姓“格”的企业，一个是格力，一个是格兰仕。2003 年，这两家企业的销售额同时突破百亿元。但是 10 年之后，这两家企业却有了迥然不同的业绩：格力销售额突破千亿元，而格兰仕则始终在 200 亿元徘徊。从业务和业绩来看，10 年之后格力的业务仍然以空调为主，但已经成为千亿企业，而格兰仕却已从微波炉发展成一个集微波炉、空调、冰箱、洗衣机、厨房电器、微波食品为一体的综合型企业，但其销售业绩依然在百亿规模。

事实上，早在 21 世纪初期，在广东省就有四个百亿家电企业：TCL、美的、格力和格兰仕。后三者的销售业绩差距不大，都是刚过百亿，但是到了21世纪10年代，TCL、美的、格力均进入了千亿家电军团，格兰仕却掉队了。

格力和格兰仕，这两家企业除了同在广东与“同姓”，还有一个重要的共同点。这个共同点也是起初驱动这两家企业销售额过百亿的原因——两家企业都有自己的核心产品，前者是空调，后者是微波炉。格力因为空调优势突破百亿，格兰仕也因为微波炉优势突破百亿。不过随着两家企业的发展规划不同，两家最后走上的道路也截然不同。

性格与路径选择

两家企业在成长道路上都遇到了强劲的竞争者——美的。而面对美的，这两家企业的不同态度，或者说是不同选择，也决定了它们后续迥然的企业成长道路。

事实上，从产品的市场表现来看，格兰仕曾经展现出强大的中国力量。格兰仕创立于1978年，早期经营羽绒制品。1992年，格兰仕决定用微波炉来让中国品牌在世界市场上扬眉吐气。的确，格兰仕做到了。格兰仕用了10年的时间，不仅仅使自己在中国微波炉市场处于领跑地位，更是从中国第一做到了世界第一，牢牢占据了世界微波炉市场的首席地位。

而格力电器的前董事长朱江洪对产品的质量格外重视。“产品质量不好就等于谋财害命。”这就是格力朴素却又务实的产品质量观。凭借着过硬的质量，格力从 1996 年开始超过春兰成为国内空调市场的第一品牌，占据了空调市场的头把交椅。

然而，格力虽然与格兰仕“同姓”，但是却不同命。也许是名字上的不同，在定力上，格力的确更胜一筹。

企业的活法由顾客决定，不是由对手决定

美的集团是一家拥有清晰市场战略规划的企业，他们专注于自己看重的产品，并且力求做到前三名。就在美的按照自己铺设的线路前进时，遇到了微波炉市场的格兰仕，也遇到了空调市场的格力。但或许是因为格兰仕与美的的距离在空间上更近一些(两者同处广东顺德)，或许是因为外界市场的巨大诱惑，又或许是因为格兰仕自身的定力不够，相比格力，格兰仕似乎更受美的集团的影响。要知道，虽然美的向每个目标市场发力时都是不遗余力的，但即便如此，要想撼动稳坐两大市场头把交椅的格兰仕和格力，并不是那么容易的事情。

所以，我们可以看出其实格力与格兰仕的后续表现并非主要受影响于美的集团的冲击，而是出于格兰仕和格力自己的战略选择与定力情况——格兰仕变了，格力没变。

格兰仕的变化并不是随着顾客而变的，而是随着对手而变的，更准确地说，格兰仕由于受到美的集团的巨大影响而对自身企业进行了改变。看看格兰仕后来的样子，在业务上几乎与美的一模一样，美的做什么，它也做什么，可这种暗自较劲的结果是，格兰仕丢了自己的大本营。因为一个企业的资源是有限的，当企业拿出资源去做其他产品的时候，其实是分散了资源，或者说减少了本该投放在强势产品（微波炉）上的资源。而面对美的这样强大的竞争对手，格兰仕应该做的是把所有力量集中在已有的强势产品上。

相反，格力就显得更“执拗”一些。董明珠被誉为“铁娘子”，与其外号相应的，她也有着坚毅的性格，她不仅仅是在质量上不做出任何妥协，在与对手的竞争上也不做出任何让步。也许正是有这样的领袖性格，格力才掌握了自己的命运。

对手其实是创造顾客价值的合作者

格力和美的，两家企业在空调市场上的竞争非常激烈。

但是，让人感到尊敬的是，面对巨大的竞争压力，两家企业始终都在全力以赴，不断进步。这样良性竞争的局面也得到了优秀的成果——格力和美的的销售额双双突破千亿人民币。事实上，可能还有很多人没有注意到，当两家企业，甚至更多企业在某一领域进行竞争、占据市场时，其中最大的受益者是顾客。这些企业不仅联手打造了一个巨大的市场，更是让消费者们得以用更低的价格买到更好的产品。

不过遗憾的是，格兰仕并没有找准企业发展的正确方向，它分散了自己在原本占据优势地位的微波炉市场中投入的资源，去与已占据空调市场的企业进行竞争。在这种对抗下，格兰仕就显得有些力不从心了。而资源的分散也动摇了格兰仕在原本占据优势的微波炉市场，这不仅使格兰仕难以保住已有的第一位置，甚至会影响整个市场的发展动态。

行业领导者要捍卫和发展行业

我们不妨再从格兰仕的业绩数据进行深入的分析。10 年前，专供微波炉的格兰仕年销售总额是 100 亿元；10 年后，其销售规模并没有太大增长，依然是 100 亿企业，但它的整个产品业务却繁杂了很多，成了一个综合集团。那么，格兰仕到底是变强了还是变弱了呢？格兰仕的微波炉到底是变强了还是变弱了呢？答案显而易见。而顾客作为企业价值的供应对象，也一定期望可以有更多真正具备和可以持续拥有竞争力的企业出现。这对消费者、对市场、对国家而言，都是莫大的荣耀。

所以，不论如何企业要拥有定力，不要因为对手受到太大影响，走好自己的路就是了。今天的格兰仕不再讲要进入“世界500强”企业，而是要做500年的企业，这样的志向或许是最好的开始，因为这是属于这家企业自己的路。

年轻人是生力军

塞氏公司是巴西的一家老牌企业，20世纪80年代，当创始人把企业传给自己儿子的时候，这家企业已经奄奄一息了。年轻的掌门人望着大海，从中看到了一些希望：自己的企业要像海水一样灵活有力才能复活。于是，他把所有的注意力都放在了公司的年轻人身上，因为这些人才最具活力，是公司的希望。不过，摆在他面前的困难是，公司员工数量经过常年的发展已经过度庞大，层级过度复杂，反而让年轻人看不到成长的希望；公司机制僵化，留给年轻人发挥的余地也极小。

为此，他把组织结构打碎，公司不再是原来僵化的官僚机构，也没有了任何固化的职位。把这一切取消之后，组织只设立角色。比如决策者角色、任务角色、服务角色、协调角色。至于每个人的具体头衔是什么，按照工作需要和个人自己来定，甚至收入也由自己来定，但前提是服务于任务，并且每个人的成本开支和利润贡献是透明公开的。

结果，大家的热情像海水一样，一浪一浪地冲了上来。公司重新恢复了活力，业绩持续高速增长。更重要的是，这家公司成了巴西年轻人最向往的公司。也因此，像通用汽车、福特公司、IBM等世界级的公司都前来学习。

在企业代际发展上，有两个极端：一种是上一代很成功，但是毁在了下一代手里；另外一种是上一代给下一代留下了一个“烂摊子”，但是下一代却重新盘活了企业。塞氏公司的案例正是后者。不过，这个案例的本质并不是说代际传承，而是说明了企业活力的根源。或许上一代也曾经拥有活力，但是当上一代人都老了的时候，企业的活力就渐渐变弱。同样，即便新一代年轻人的活力被释放出来，但是未来这些人也终将老去，这是人的生命规律。为此，企业要长生不老，就得始终让年轻人做主力军。

需要注意的是，这不代表只要是年轻人就自然会在工作当中贡献活力。工作中的活力必须靠组织来激发。当中最为核心的一点就是人和组织的匹配。因为组织也会变老，变得越来越复杂，但是当年轻人进来的时候，组织必须重回年轻状态，不能“老态龙钟”。组织要把很多僵化的机制拿掉，才能适应年轻人的节奏，才能发挥出年轻人的效能。

因此，企业不仅仅是要有年轻人，自己也要变得年轻。这样，双方才能匹配起来。如果是年轻人遇到老态的组织，年轻人就会受到限制。塞氏公司的案例说明，年迈的组织同样可以有活力，不仅是依靠年轻人，自身也要具有年轻状态。

这个案例的另外一个重要启示，在于企业管理贴合了今天年轻人的心态。一些企业家觉得新生代的员工难管，最早是说80后，而今天很多80后已经成了公司的骨干，继而认为00后难管。同样，80后、90后也会面临10后、20后的问题。这个话题也许会一直持续下去，但是本质上都是在说年轻人的管理问题。

在当今中国，80后是分水岭，原因在于从这代人开始，年轻人就是伴随改革开放的新时代成长起来的，这些人生活和成长在变化当中，更习惯变化和创新，不喜欢被管控。所以，用管控的方式来对待这些人反而是在和这些人作对，其实没有必要。相反，要给予年轻人有挑战的事情来做，以这个任务为中心赋予年轻人自我管理和创新的空间，问题就能迎刃而解。这不复杂，但却是管理观念的根本改变，因为人变了。

光环背后：草根的“逆袭”

在零售业中，沃尔顿是当之无愧的传奇人物。1962年，他创立了沃尔玛。1970年，他已拥有9家连锁店，销售额突破3000万美元。1980

年，沃尔玛连锁店突破200家，销售额突破10亿美元。1990年，沃尔玛连锁店达到1500家，销售额高达260亿美元。1997年，沃尔玛销售额突破1000亿美元，成为世界上最大的零售企业。今天5000亿美元销售额的沃尔玛更是“世界500强”榜首的常胜将军。如果说西尔斯[1]呈现了零售业的雏形，沃尔玛则真正推动零售业成为商业世界中的巨人，从而带动了更多零售企业登上世界舞台。

说到零售业一定要提及大名鼎鼎的沃尔玛，因为沃尔玛至少证明了一点：世界上最大的企业是零售企业。这也是沃尔玛常常吸引商界注意的地方。而毫无疑问，沃尔顿作为创始人更是让无数创业者羡慕不已。

可是，尽管沃尔顿和沃尔玛的光环很大，好像与作为创业者或者企业工作者的我们并没有什么关系。和我们有关的是光环背后的付出，是成名之前的磕磕碰碰。

① 西尔斯公司曾经是美国也是世界最大的私人零售企业。

吃得苦中苦，方为人上人

沃尔玛的业绩如此耀眼，并且在“世界 500 强”中也不显逊色。但事实上，纵观世界明星企业，沃尔玛恐怕也算得上是最为坎坷的一家。从某种程度上说，沃尔顿创立沃尔玛就是“吃得苦中苦，方为人上人”这句名言的最好验证。

沃尔玛的业绩成长有一个非常突出的转折点。自 20 世纪 80 年代之后，沃尔玛开始呈现出爆发式的增长，十余年时间营业收入从十亿美元一路冲到千亿美元。这种在短短十余年里呈现出的巨大爆发力几乎可以用“一夜成名”来形容。但是，在这“一夜成名”之前，沃尔玛和沃尔顿经历了非同一般的历练。

很多人都没有看到的是，在沃尔玛被创立之前，沃尔顿已经开了近 20 年的小店。这 20 年的小店经营生涯让沃尔顿学会了有效的经营哲学，而后 20 年的大型卖场生涯让沃尔顿学会了有效的组织管理。整个过程中沃尔顿都坚守着零售的本质。当这 40 年修炼的经营与管理力量集中体现在零售的主线上时，自然有了后面 80 年代的爆发式增长。

准确地说，沃尔顿从 1945 年就开始创业了。但是，之所以把沃尔玛创立的时间界定为1962年，原因在于沃尔玛真正的商业业态形成于1962年。在此之前的将近20年里，沃尔顿经营的都是小卖部或杂货店一类的小店生意。有了这20年的积累，沃尔顿找到了自己零售经营的哲学，才可以建立大型卖场。

比经营哲学更难的是实现经营哲学

1940年，当22岁的沃尔顿从大学毕业后，他在零售企业里打了两年多的工，又服了两年多的兵役。5年后，27岁的沃尔顿借钱买下了一家小商店，开启了自己的创业生涯。

沃尔顿的经营哲学正是从这个时期开始摸索出来的。这本是一家经营不善的小店，年营业额在7万美元左右，只有对面小店的一半。为了生存，店铺一定要打开销售局面，这就逼得沃尔顿不得不想办法活下来。于是他想到的经营哲学就是“薄利多销”。原来一件衣服进货价格为2.5美元，沃尔顿以4美元的价格卖给顾客。但如果能以2美元的价格进货，以3美元的价格卖给顾客，沃尔顿就能够从竞争中取胜。仔细想想，这个模式不正是沃尔玛后来的“天天平价”吗？

当然,道理看起来很简单,但是做起来很难。沃尔顿驱车到各地寻找进价最低的货源,并且是直接采购。他四处奔波,为自己增加了物流这个体力活。靠着这种辛勤劳动,他的经营哲学得到了验证。1 年之后,小店的销售额达到了 10 万美元;2 年之后达到了 14 万美元;3 年之后达到了 17 万美元。这时沃尔顿也还上了当初的借款。

早期的沃尔顿是通过个人的物流工作去实现小店的薄利多销,等到了后来的沃尔玛时代,他依然是依靠沃尔玛的物流配送系统做到天天平价。所以,沃尔顿会经营大店,其实是从经营小店学起的。

沃尔顿在 1945 年开了第一家小店。5 年之后的 1950 年,凭借有效的经营哲学和艰苦的物流工作,沃尔顿把这家小店的销售额做到了 25 万美元,并且有三四万美元的年盈利额。

正当沃尔顿的这家小店经营火热的时候,房东见到这家小店生意如此之好,竟然在 5 年房租到期的时候停止了对沃尔顿的续租。这次的教训让沃尔顿学会了重视经营的法律风险,因为他在签约时并没有约定自己 5 年后有续租权。自己的好生意竟然败在了一张契约上。自此,他开始变得谨慎,重视合同,甚至希望自己的儿子成为律师。

核心能力的修炼

1950年，32岁的沃尔顿又重新起航。可口可乐前董事长伍德鲁夫曾说："假如我的工厂被大火毁灭，假如遭遇到世界金融风暴，但只要有可口可乐的品牌，第二天我又将重新站起。"不仅仅是品牌有这种能力让企业复活，事实上，只要找准了商业模式，抓住了经营企业的成功要领，成功就是可以被复制的。"野火烧不尽，春风吹又生"，这句话放在沃尔顿身上再合适不过。自此，沃尔顿另起炉灶，并且让小店一家又一家地开了起来。

我们不妨回顾一下沃尔玛诞生之前的近20年的积累。1945年，沃尔顿开的第一家小店年销售额是7万美元，到了1950年，沃尔顿把这家小店做到年销售额25万美元。之后因为契约风险，自己又一无所有。随后他又卷土重来，到1960年的时候，沃尔顿已经有了15家小店，这些店合计的年销售额达到了140万美元，基本是一家大型卖场的销售额了。这个时候，沃尔顿开始决定真正去做一番更大的事业，从10万级的小店向100万级的大型卖场转型。于是才有了1962年的沃尔玛。

但是,进入大超市的领域,沃尔顿显然又变成了一个初来乍到的新人,需要从"草根"重新做起。那个时候,凯马特[①](今已纳入西尔斯旗下)已经有250家店,年销售额有8亿美元。相比之下,今天世界第一的沃尔玛在那时基本是一无所有的状态。

不过,沃尔玛有着沃尔顿在前期创业阶段修炼的经营哲学——"天天低价"。并且更重要的是,从一开始沃尔顿本人就忙前忙后,四处奔波。因为他懂得"天天低价"背后的成本控制来源:物流。

因此,当很多零售业的富豪一掷千金地购买豪宅和私人游艇的时候,沃尔顿把攒下的钱用在物流体系的建设上,自建车队,甚至预备1.5倍的仓储空间。这是当时的凯马特和塔吉特[②]都没有的。而当很多经理人周末都去打高尔夫球的时候,沃尔顿却率领高层团队召开每周的周六晨会,来讨论和解决沃尔玛的经营问题。

---

① 凯马特公司是美国国内最大的打折零售商和全球最大的批发商之一,经营范围包括传统的凯马特和凯马特大卖场以及凯马特超市。

② 塔吉特公司成立于1962年,目前已成为美国第二大零售商,拥有美国最时尚的"高级"折扣零售店。

所以，一定要记得，核心能力不会自动生成。核心能力的修炼，取决于你给予的时间和付出。

经营哲学×核心能力×组织管理=指数级成长

这就是沃尔玛的创业，几乎没有能量被闲置，既节约成本，又创造了价值。到了20世纪70年代，在美国前100名的零售企业中已经有3/4的企业都倒闭了，而此时的沃尔玛却开始崭露头角。整个70年代算是沃尔玛的高速增长时期，但还不是最快的时期，因为在这个时期沃尔玛经历了最重要的教训。有了这个经历之后，沃尔顿才学会了组织管理，才真正让沃尔玛在80年代之后拥有了展翅高飞的能力。

20世纪70年代中期，年近60岁的沃尔顿决定退休。这时公司里有两大骨干：一位是主管物流和财务的罗恩，另一位是主管门店的营销负责人费罗德。沃尔顿退居二线后，两位高级副总裁走到一线，罗恩担任董事长兼首席执行官，费罗德担任总裁。可是，双方却“打得不可开交”，并且各自拥有各自的阵营。沃尔顿不得不再次“出山”。但是罗恩并不愿意担任副董事长的职务，于是离开了沃尔玛。正如很多人所想象的，罗恩的离职带走了沃尔玛三分之一的高层人员。这次的震荡对沃尔玛的影响非常大，不仅让沃尔玛在 70 年代中期的增长放缓，更重要的是，这暴露了沃尔玛成长的最大软肋——组织管理。

沃尔玛自建了极强的物流体系，但是却忽略了组织建设。而之前的组织之所以出现问题，也源于沃尔顿自创业初期就形成的一种非常朴素的价值观——竞争。沃尔顿通过内部竞争的方式来变得更强，可是却忽略了合作的问题，而后者才是组织真正要具备的。幸运的是，这个时期沃尔玛的物流体系已经日趋成熟，核心能力已经稳固，这让沃尔玛的增长没有受到大的阻碍。

这次事件让沃尔玛在真正高增长的“前夜”意识到了组织的重要性。于是，这个时期沃尔顿开始调整自己管理企业的价值观，开始明确反对将竞争关系演变为个人恩怨，开始强调团队协作。有了文化的重塑，组织才焕然一新。此刻，沃尔顿醒了，沃尔玛也醒了。

所以，只要往好处去想，往好处去做，坏事也许能变成好事。如果执迷不悟，那就只能雪上加霜。

相比亨利 • 福特的职业生涯后期，沃尔顿要更加幸运，准确地说，还是因为沃尔顿更加清醒。福特汽车公司是一家生产企业，亨利·福特在公司拥有绝对生产能力优势的大好机会之下，因为组织管理水平的欠缺，很遗憾地没能把当时的福特公司升级为一家超大企业，直到他的孙子威廉·福特接棒，公司的组织管理才被唤醒。而沃尔玛作为一家零售企业，拥有绝对物流核心能力。而沃尔顿及时发现了自己在组织管理上存在的问题，并作出了观念上的根本改变，从而使核心能力得到更好的发挥，使沃尔玛成功变为超大企业。

至此，沃尔顿创业近 40 年，沃尔玛的经营哲学与组织管理才开始真正步入成熟，才有了成名之后众所周知的指数级成长。

没有捷径就是草根的最大机会

这些成名之前所吃的苦头，是沃尔玛和沃尔顿为零售商提供的经验，同样，沃尔玛作为集结各路精英的“世界 500 强”当中的龙头企业，这也是可以供所有企业和创业者借鉴的经验。

经营商业不易，零售商也是如此，而要成为零售商中的佼佼者,就更要经历数不清的日晒雨淋。这当中没有捷径,而没有捷径就是“草根”的最大机会。

用绩效赢得尊严

苹果公司是当今世界市值最高的公司之一。苹果电脑公司创立于1976年,并于1977年推出世界上第一台个人电脑,1984年推出Mac电脑向蓝色巨人IBM发起冲击,但成绩并不理想。1985年创始人乔布斯离开苹果电脑公司。12年之后,乔布斯重新回到处于低谷期的苹果电脑公司。自此,这家公司也有了今天众所周知的各类新产品,包括新一代的苹果电脑和音乐播放器。10年后,苹果电脑公司东山再起,并正式改名为苹果公司。改名之后的苹果公司脱离了电脑的局限,在下一个新的10年,苹果手机又开辟了一个全新的时代。如今,苹果公司已经进入“世界500强”前10,利润全球第一。

严格来说,苹果公司可以算作是90后,是在1997年乔布斯重新回到公司才重生的。

草根必须奋力生长

事实上，在美国文化当中，苹果公司是一个典型的“Underdog”，直译成中文就是“斗败了的狗”或者“不死狗”——这实际上是一个褒义词。苹果公司深受美国人甚至全世界人喜欢，不仅仅是因为其产品，也因为苹果公司的这个特点。

在美国文化中“Underdog”这个概念很受欢迎，意思有些类似于拳击场上的“Down But Not Out”(被打倒在地，但却没有出局，又重新站立起来)。这是美国文化所向往的英雄。在今天的中国，人们也喜欢并尊重通过奋斗从草根“逆袭”成功的人。

当年林书豪的“一夜成名”备受瞩目正是因为这一点。在美国长大的甄子丹身上也有这种烙印，他和李连杰同年出生，也基本同时期出道，尽管成龙和李连杰基本垄断了整个20世纪八九十年代的功夫片市场，但是他从没放弃，在功夫片市场的低迷时期甚至自己借钱拍电影。于是进入21世纪后，40岁的他迎来了属于自己的时代。相比之下，一出道就被誉为李连杰接班人的赵文卓就有些可惜，他几乎拥有让所有动作电影演员都羡慕的高起点，最终却没能坚持下来，在功夫片市场的低迷时期，转向了一片繁荣的国内电视剧市场。当然，每个人都有自己的活法，任何个体都有东山再起的可能，这正是“Underdog”文化的魅力。在国内成长起来的吴京同样有这种性格，也在40岁之后创造了中国电影的票房神话。

今天的NBA巨星库里更是一个公认的“Underdog”，身体条件并不出众的他通过努力成为NBA最耀眼的明星之一。美国运动品牌安德玛也是典型的“Underdog”。安德玛于1996年创立，不屈服于主流棉料，专业研发涤纶材料，作为一家后起之秀直接去挑战耐克和阿迪达斯，同样成为今天备受年轻人喜欢的运动品牌。更有意思的是，安德玛和库里还联合打造了名为“Underdog”的篮球运动鞋。如果我们仔细留意，“Underdog”在美国无处不在。这种文化不仅体现在商业领域，更是渗透在美国社会的各个角落，从百姓生活到美国大选都有这个特点。

这就是苹果公司受人尊重的原因了。苹果公司没有微软那么“好命”，两家公司几乎同龄，但是在20世纪八九十年代，微软公司不但自身发展势头强劲同时也“傍”上了当时的蓝色巨人IBM。苹果电脑公司想全力冲击个人电脑市场，但却被微软和 IBM 打得“遍体鳞伤”。20 世纪 90 年代，微软市值达到世界第一，而苹果公司依然举步维艰。但是今天，这家公司作为曾经被“斗败了的狗”，没有在“拳击场上倒下”，而是成了当之无愧的世界第一。乔布斯和苹果公司重新唤醒了自己的绩效，让公司赢得世人的尊重。

今天大多数人看到的是苹果公司的辉煌，以及备受“果粉”们追捧的各种产品。这些时尚的新产品，不论是电脑还是手机，多是在 1997 年乔布斯重回苹果公司之后才出现的。但是，如同沃尔顿创造沃尔玛的故事，乔布斯让苹果公司再生，也离不开前 20 年的摸爬滚打。

被逼无奈也许就是创新的希望

事实上，苹果电脑公司是最早开展个人电脑业务的公司，20 世纪 70 年代，蓝色巨人 IBM 还在主攻商用电脑。即便如此，在 IBM 这头“大象”面前，苹果电脑公司就像是“一只蚂蚁”。1977 年苹果电脑公司开始推出个人电脑，紧接着 1980 年，蓝色巨人 IBM 就进入了个人电脑领域，并且迅速成为个人电脑市场上的霸主。而 1984 年苹果公司才推出 Mac 电脑去挑战 IBM 这个“旧时代”的统治者。

虽然苹果电脑公司在1984年的超级碗广告“1984”在美国引起了轰动，让人们见识到了苹果Mac电脑的野心，但是依然是“雷声大，雨点小”。IBM的强大根基外加微软这个新秀的加持，使苹果电脑公司的尝试并没有撼动这个统治者。

1985年，苹果电脑公司的业绩并不理想，出现了创业以来的首次亏损。董事会对此颇为不满。迫于无奈，乔布斯离开了自己创立的公司。当然，乔布斯也拿到了一笔1.5亿美元的“分手费”外加一个研发团队，但条件是乔布斯不能沿用苹果技术去开发电脑产品。乔布斯一心想做电脑，而这一约束使得他不得不着手研发电脑上的创新点。

此时正值《星球大战》系列电影风靡全球，卢卡斯[①]的特效技术让全世界震惊。于是，乔布斯就想到了和卢卡斯合作。乔布斯花1000万美元的超低价格购买了卢卡斯的特效团队。当然，条件是乔布斯后续还要为卢卡斯提供免费的技术服务。由此，为实现电脑梦，他设立两家公司，一个是电脑公司，另外一个是电脑特效公司。

---

① 美国导演、制片人、编剧。1977年，卢卡斯执导了影片《星球大战》，获得了第50届奥斯卡奖2项提名。

电脑公司起初并没有太大的起色，后来，乔布斯开始协同两家公司的优势，开发出专门制造特效的电脑，售价高达20万美元。当然，这就不是面向个人用户的了，而是直接对准了繁荣的好莱坞市场。乔布斯开始约见迪士尼的制片人，向他展现动画特效。由此，他开始了与迪士尼的合作，于是就有了1995年轰动世界的动画电影《玩具总动员》。这个时候距离乔布斯离开苹果电脑公司已有10年。

而此时的苹果电脑公司在IBM和微软的夹击之下寸步难行，再加上惠普、康柏等电脑巨头的崛起，苹果电脑公司的市场份额一降再降，从20%一直降到10%以下，并且业绩一直在持续滑落。1997年，乔布斯重新回到苹果电脑公司之时，年销售业绩已经下滑到7亿美元。这个数字几乎和很多20世纪90年代的中国企业在一个量级上，甚至还小于当时中国的一些家电企业。而现在只要一想到20年之后苹果公司超过2000亿美元的销售额和近500亿美元的利润，就会知道苹果公司经历了飞速地增长，并且是超高质量的增长。

创新的热情×理性的付出=顽强的生命力

当然，几乎所有人都知道苹果公司的成功是因为创新，或者说是因为乔布斯的创新。不过,更准确地说,真正的原因是乔布斯变了。

10 年中,乔布斯在外摸爬滚打,让自己变得更加成熟,更加理解市场和企业成功的关键。很多人将乔布斯形容为感性、充满创造力的人,这也许就是乔布斯一直对工作都保有的热情的原因,就像是他的座右铭,活着就要改变世界。

但是从本质上讲,乔布斯卷土重来后最根本的变化在于自己变得更加理性。尊重顾客,要有可以让顾客眼前一亮的创新产品固然重要,但除此之外,企业必须抓住两样东西:一样是市场,一样是成本。前者对应销售,后者对应利润。并且,回归后的乔布斯不再是那个单凭一腔热血单打独斗的热血青年,也许是因为曾被 IBM 和微软联手打败,也许是因为自己在后续胜出的过程中借助合作拥有了新的生命力,不论如何,乔布斯拥有了更强的组织能力,他开始不断集合力量。

从不成熟到成熟,这才是乔布斯的最大改变。

于是,除了研发产品,乔布斯开始展开两个大动作,而这两个动作才是支撑苹果公司复活的关键:一个是做零售,一个是做供应链管理,以此控制成本。对大部分人来说,逛苹果公司的零售店已经是很平常的事，甚至因为被产品所吸引，人们都不会去想零售店的真正用途。可是仔细一想，原来苹果公司也是自己的零售商。这是苹果公司迈向市场的具备战略性意义的重要一步。因为零售，才有了触碰顾客的市场界面。

所以10年之后，当乔布斯再度归来的时候，他已经不是当年那个莽撞地拿着Mac“大锤”去砸IBM的感性小伙子了。1984年的那个广告让人热血沸腾，但那也只是广告而已。蜕变后的乔布斯已经非常清楚，让公司成长不是靠广告，也不能仅仅依赖产品，必须拿出让产品通向顾客的渠道来。

找会的人合作不会的事

乔布斯知道专业零售的重要性，但是他并不知道怎么来做苹果的专业零售。于是，乔布斯找到了当时做专业零售最好的人来合作，即当时全美最大服装连锁零售商GAP的首席执行官德雷克斯勒。尽管德雷克斯勒已经是当时美国零售界的“老手”，但是他告诉乔布斯要先做个实验，不要一下子全面铺开、大规模建店。由此，苹果公司的体验店就这样一点一点地开建了。

此外，很多人并没有读懂苹果零售的另外一面是因为苹果公司不仅仅是在做线下实体商店，也在做线上商店。下载1首歌1美元的在线音乐商店协同乔布斯归来后推出的音乐播放器这一旗舰产品，为苹果公司赢得了重要的一桶金，让苹果公司的复活有了更多的动力。因此，从某种程度上说，苹果公司也许是最早触碰线上与线下零售的企业了。

不论是零售店，还是成本控制，都离不开苹果公司的另外一个重要人物，这个人就是库克。乔布斯作为苹果公司的总设计师，意识到了零售和成本的战略地位，但是他本人都不会做。于是，1998年乔布斯请到了当时的物流和供应链管理实战专家库克。库克拥有在IBM做物流与供应链管理的10年运营经验。在苹果公司业绩最低迷时期，库克通过成本控制稳定了公司的现金流，帮助公司渡过难关，并且搭建了苹果公司的运营基础。

很多人并不知道库克为什么可以成为乔布斯的接班人，原因就在这里。库克为苹果公司的再生同样立下了汗马功劳。尽管乔布斯突然离世，但是本质上，乔布斯的离开依然是一个公司接班人或者代际传承的问题。在公司的接班人上，最重要的标准是让公司的传承可以稳定。否则，公司就有可能因为创始人的离世或离开而崩盘。所以，接班人一定要有足够的威望才行。毫无疑问，为公司立下汗马功劳的库克是不二人选。

企业传承：稳定基础上的创新

很多中国老牌企业也已走过40个年头，一些老一辈的企业家开始把自己的位置交给第二代的传人。苹果公司的这一条经验对中国企业有特别重要的启示，也值得中国企业去进一步思考。

库克接任苹果公司掌门人，有些像是方洪波接任美的集团掌门人，是传给了所谓的"外人"。除此之外，另外一种情况是直接交给子女，但是一定要考虑到自己的子女能否驾驭这个企业的稳定性，保证传承的稳定。这也是新希望董事长刘永好的过人之处，他邀请了陈春花和女儿刘畅共同担任公司董事长，这就有助于刘畅的学习和成长。因为陈春花10年前就曾担任过公司总裁并且一直是公司顾问，在公司和行业都享有威望，这就保障了公司传承的稳定；再加上陈春花的专业基础，这样在传承的基础上又进一步推动了新希望的转型创新。

因此，在传承上，企业的可持续性要优先，一定要在可持续性的前提下选择传给谁，而不是反过来，先把位置让给某个人。这个逻辑顺序非常重要，是一个企业得以代代相传的根本。

先改变自己，再改变世界

脱离喧嚣和浮躁，回归起点来看今天的巨人，我们对苹果公司和乔布斯才有不一样的认知。乔布斯不是神话，他并不是无所不能。他就是一个有想象力又愿意付出行动的人，就是一个充满理想又脚踏实地的人，就是一个不会被打倒的人，就是一个不断学习和吸取教训让自己逐渐走向成熟的人。他在市场的历练中学习到了经营企业的战略要素，同时，他知道自己不擅长什么，又愿意低下头来去请人来帮助自己。通过这种合作，他打造了苹果公司的系统能力。

现在，几乎所有人都在讲苹果公司的创新，甚至学着乔布斯也在讲自己要改变世界，但是我们必须清楚，只有创新是不够的。

苹果公司是一个有综合能力的企业，不是一个喊口号的公司，也不是一个空谈创新的公司，甚至也不是一个只有产品的公司。我们不要被现象所误导。苹果公司背后还有对零售和运营效率等这些我们看不到的方面的巨大付出，更有乔布斯本人的心血和汗水。因为乔布斯本人作为“Underdog”的磕磕碰碰，因为乔布斯让幼稚的自己转变成熟，才让乔布斯找到了正确的方向，并沿着正确方向去组织和构建，我们才能看到苹果公司的创新产品，目睹乔布斯和苹果公司震惊世界。

也许，要改变世界，我们先要改变自己。

chapter 2
跨越认知黑洞

毫无疑问，企业和员工个人都是一心向好的。可是我们在“什么才是真正的好？”这一问题上需要备加小心，因为这种认知决定着我们如何迈出自己的步伐，以及我们究竟可以走多远。也许我们很想成就或成长为大企业，希望自己可以有三头六臂去触及大千世界中的各种机会，希望拥有别人望尘莫及的市值，甚至以为大企业就是可以压倒一切对手的企业。可是，如果我们真的抱着这样的想法前进，也许就会迷失在前进的路途当中。因为大企业并没有天生的三头六臂，甚至可能没有办法轻易捕捉诸多机会。只有从一点点做起，深度开发出自己的核心能力，同时与身边的伙伴一起协同彼此的能力，才能让自己的能力在市场上得到验证。有效组织的核心，不在大小，不在成败，而在于组织内部个体的共同成长。

从一滴水开始，可以无限强大

山东六和集团创立于1995年，主营饲料。2003年，正在向全国市场迈进的六和集团被新任集团总裁陈春花“叫停”，她主张把全国化的速度降下来，先深化山东市场。深耕市场的办法就是“50公里半径”。缩短企业的市场半径，把每个工厂的销售半径控制在50公里以内，密集服务和开发市场。

这一年下来，六和集团的年销售额增长率从过去的10％～20％变为100％，随后这家企业以高过行业平均5倍的速度持续增长。2005年其年销售额突破百亿元，2007年其年销售额突破400亿元，这家以山东冠名并在山东市场持续深耕的企业成为中国农牧行业的最大黑马。山东六和集团

> 用12年的时间就能做到400亿元，这也刷新了中国企业的成长速度纪录。而事实上，其中年销售额从28亿元到400亿元的增长只用了不到5年的时间，这个速度即便在今天的互联网时代都是惊人的。2010年，新希望与六和合并，成为今天的新希望六和股份有限公司。

聚焦市场的好处是什么？看看六和集团的业绩变化便一目了然。

有意思的是，这家聚焦于山东市场耕耘的企业虽然没有大幅向全国迈进，却成了全国饲料市场上最大的企业。这不禁让我们反问一句：迈向全国就一定会成为大企业吗？进一步说，迈向国际呢？

你有没有先聚焦好一个市场

这的确值得我们反思，反思的结论也很简单：一个企业的竞争力未必和企业跨越的市场规模有关系。关键不是涉及市场的大小，而是企业在一个市场当中真实的竞争力，这就是聚焦。也许一个企业涉及的市场很多，但是如果在每个市场上都没有充足的竞争力,倒不如聚焦于一个市场。

想想今天中国票房最高的电影《战狼 2》,单凭中国市场的近 57 亿票房就已经冲入世界电影票房史上的百强。

对于今天市场半径或产品战线拉得非常大的企业,如果你的实际竞争力距离理想还比较大,的确该认真反省一下了。

这就是山东六和集团的聪明之处。它看似是放慢了全国化的速度实际上由于切中了竞争力的真正突破口,接下来走的每一步都更加有力。这家企业实际上是做了两次聚焦,先是把市场从全国拉回到本地,在此基础上,把单个工厂的销售和服务半径缩短,三五十公里之外的事情不去管,先做好辖区之内的事情。这样的安排就形成了山东六和集团的生态聚落,在省内的各个市场辖区打造出了一个又一个的业务群。

根基站稳再迈步

再通俗一点说,身边还有这么多地盘没有拿下,又怎么去拿下远方呢?换句话说,自己的地盘都拿不下,还到别人的地盘去抢粮食,可行吗?当然或许你可以分到一杯羹,但是这也许只是一种短期的投机行为，而一旦眼光放得长远一些就会发现，这很可能是一件劳民伤财的事情。

这也从另外一个侧面说明了中国企业在国际化过程中可能遇到的两大考验：一个考验是今天众所周知的文化差异，不论是民情还是制度，都有一定的差异性或分割性，但这些其实还都是外部因素；另外一个考验是内在的考验，即企业自身的基础。

如果自身实力不够雄厚的话，在国际化进程中企业一旦遇到问题就会大伤元气，甚至会因此而“丧命”。这也是TCL集团在海外并购失利之后可以复原的一个原因，除了鹰之重生的精神力量，TCL作为国内家电市场的领先企业，拥有深厚的积累。

其实，任何企业在进入新领地时遇到失败和磕磕碰碰都是在所难免的，但关键在于，我们的抗击打能力怎么样，我们能不能承担住这样的风险。从这个角度看，企业不妨给自己聚焦的市场建立一个大本营，既是对外界入侵自己的一种保护，也是为自己未来走得更远提供后盾，为不确定性提供保障，为进一步的探索和创新提供粮草。

当然，对于山东六和集团而言，绩效的高增长是我们看到的最终结果。事实上，聚焦还带来了很多其他好处。

聚焦的物流优势

聚焦的最大好处在于，企业距离顾客更近了。缩小半径，拉近距离，既提升了企业的驾驭能力，同时也贴近了顾客。这样，就使得企业对顾客有更快速和更强的响应能力，可以把顾客服务得更好。此外，由于不用到外地去兴师动众，也节约了大量的物流成本，甚至免去了很多新增的营销费用。而集中生产的规模经济使得生产成本也大幅降低。

再加上企业之间联盟，进行统一规模采购，这使得本来就善作成本控制的六和集团拥有了更低的成本，饲料的单位成本从每吨 200 元降至 80 元。这就秉承了六和集团的微利经营原则，节约的成本便可以让利给农户。于是，六和集团也有了“价格屠夫”的美誉，有了更高的业绩，自然可以更好地分利给员工。因为更低的价格和更快的响应速度满足了顾客需求，才让这家企业成了业内公认的一匹黑马。

人人都需要市场的深度历练

事实上，比这些益处都重要的是，通过这个过程，企业和每个人都成长了。因为要克服重重困难，这种历练让企业拥有了更强的市场开拓能力。这种能力不是表面上的基于资本能力的横向拓展，而是基于企业内在能力的深度市场开发。这种内在能力的收获才是最宝贵的。很多有钱的公司未必能够有这样的能力，原因正是在于缺乏开发市场的深度历练。

企业人员要逼着自己向着一个点持续发力，在磕磕绊绊、不断解决问题的过程中，将这种能力磨练出来。而如果不去做深度开发，总是漂浮在表面市场，做人和做企业就都会很飘，稍有风吹草动就可能会摇动，遇到大风大浪就会被连根拔起。反过来说，想要根深蒂固，一定要经过深度的历练。

国际化的根本障碍在于在国内就没有历练好自己

换句话说，同样是一家年销售额达 100 亿元的企业，一家是靠“东拼西凑”拼起来的 100 亿，一家是依靠聚焦市场深挖出来的 100 亿。尽管两家企业都是大企业，但真实实力孰强孰弱一目了然。

第一家企业在各个地方都拿一点点，其实更像是一种投机取巧的行为，也许并没有真正理解顾客；而第二家企业的成绩才是在和顾客近距离接触的过程中深度挖掘出来的。但是显然，第二家企业要更艰难，因为没有取巧，没有走捷径，可是历练也是最足的。所以，从本质上讲，第一家企业是没有真正的竞争力的，哪怕它的年销售额发展为200亿、300亿，甚至是1000亿，企业成长也并没有实质性的突破。

中国自身就有一个庞大的自然市场，人多是我们的天然条件。这种天然条件反而是我们很多企业大而不强的原因，因为到处凑凑就能凑个不小的企业。

因为大而不强，所以当我们真正去到海外的时候，即便是一家已经规模不小的企业，也常常会遇到难题。其实最根本原因不在文化，而在于我们空有规模，却没有锻造出自己真实的竞争力。所以，我们需要不断历练，哪怕过程艰难。不然，到我们真正要出海的时候就会感到力不从心，甚至有可能会被打回原形。这是实话，忠言逆耳但利于行。

要在平均水平之上增长才能领先

分析到这里，也许还有一处很多人没有观察和理解到的细节：通过聚焦市场，这家企业的年销售额增长率从10%～20%，后来又跃至100%。

过去，这家企业在行业中表现中规中矩。判断企业发展快慢有一个最简单的办法，就是看增长速度。那个时期国家的GDP增长速率大概在10%。国家一直在扶持农业，所以农牧行业算是不错的行业，增长率在国家平均水平之上。这也意味着过去这家企业的增长基本是和行业持平的，所以是一家中规中矩的企业。通过深度开挖市场，它显现出了超过行业5倍的增长速度，才成了众人眼中的黑马。

而这家企业能以高过行业的速度增长，说明它已经摆脱了对行业增长的外部依赖。如果连行业平均水平都达不到，那就说明自己的内力已经落后于行业，甚至可以说是拖行业的后腿了。换句话说，能以超过行业5倍的速度在增长，一定是拥有了远超同行的足够的内力。这个内力的修炼就是聚焦市场。

要让增长有质量，不是虚胖

也许行业中的很多企业的增长方式是相近的，大家都习惯于求大，比如全国范围内的布点。这就导致，一方面从增长的数字上讲，看似快但结果并不是很快；另一方面，从增长的结果来看，并没有真正历练增长的能力。这意味着我们每个行业依然可以大有作为。正所谓“术业有专攻”，在此基础上，这些企业一定会为我们国家创造出更强大的竞争力。“国家兴亡，匹夫有责”，责任就在于我们每个个人和企业身上。

这样来看，企业规模大并不意味着强大。规模只是一个数字，我们需要规模，但更需要有竞争力的规模。从这个角度看，企业也要时不时地提醒自己，别只是一味地追求规模，还要看自己给顾客带来了多少贡献，自己的能力究竟增加了多少，如何凭借自己的生存能力持续经营下去。这才是我们应该追求的。

其实案例分析也是一样，对于一个看似很简单的案例，我们能做到深度分析吗？也许，只是我们还没有意识去深度挖掘里面的启发而已。现实中，不论是总结自己还是别的经验，如果不经过深度思考，就一定找不到管理真正的答案，就没有办法指导我们在实践当中做出正确的选择。

从一滴水开始，可以无限强大

我们整天说要“做大做强”，可是，我们真的懂得这几个字的意思吗？如果不懂，又如何能做到。恰逢改革开放40年的时点，我们真该好好理解到底什么是“做大做强”，才能在成长的新起点上变得更加强大。想想水滴石穿的道理，当水用力持续滴一个点的时候才能穿透石头。相反，如果今天滴这里，明天滴那里，每一滴水的力量就会被稀释，石头永远不会被穿透，只能在石面上留下一滩水，这些水的力量就被一点一点地消耗掉，一切投放就都被浪费了。水就像是企业的宝贵资源，当一滴水的力量还不够强大的时候，我们需要聚焦一个点去积蓄力量，而不是把宝贵的资源分散。当然，穿透一块石头之后可以继续做新的穿透，但是在此之前，需要先积蓄力量。

这就是聚焦市场的竞争力，找准一个点全力以赴，才能成为黑马。

所以，把距离拉近很重要，这种距离不仅仅是空间的距离,也有时间上的距离。一些人常说自己未来会怎么样,可是如果现在都做不好怎么能做好未来呢?我们的时间也如流水,也是一点一滴地在流逝。如果我们任由自己的时间肆意地流淌,总是寄希望于遥远的未来,而不是全力以赴做好现在,不能让时间驻足当下,我们又如何借助时间的流逝在未来实现水滴石穿呢?

古人云:"近水楼台先得月。"而我们得到近处的优势了吗?更准确地说,我们真的去努力争取了吗?聚焦当下,着眼现实,才是最好的安排。

把脉市场的节奏

从1968年~2018年,美的集团走过了50年的历程。今天美的集团的年销售额和利润分别达到2000亿元和200亿元的量级,与海尔集团旗鼓相当。在海尔、美的、TCL、格力构成的中国千亿家电军团的基础上,美的和海尔又在经营业绩上迈进了一个新的台阶。

这一路看似漫长,但方洪波在回顾美的集团的一路成长时,却说走的路并不复杂,只用产品和市场两个维度就可以概括美的路径。在产品上，美的从风扇起家，到空调及非彩电的各类家电产品。而从 2005 年开始，美的产品从消费者端向商用端拓展，开始做商用空调。在市场上，美的在用一个与众不同的视角看市场，即“沿着河流走”。先占领珠江流域市场，再迈向长江流域，进而到黄河流域，之后再让产品迈向更多“国外的河流”，如尼罗河流域、红河流域、亚马逊流域。所以，今天美的有一半的业绩来自海外。

不过，这条路看似简单，但是美的集团却走得如履薄冰。在产品上美的不是一开始就大胆地创新，而是先学习再创新，对于自己不擅长做的新产品，要通过合作的方式进行开发。而在向国际化市场迈进的过程中，美的集团并没有一开始就试图打响自己的品牌，而是先代工再立品牌，这样才有机会让自己走出国门。

这就是美的集团的市场演进之路，简单清晰又小心翼翼，50 年坚持走下来，才有了如今珠穆朗玛峰式的业绩。

美的的经验我们是否可以完全用于自身呢？这取决于我们是否愿意像美的那样坚持行动，还取决于我们能否真正读懂美的集团的成长哲学。

战略路径背后的商业文明脉络

关于这个话题，我想从很多人都没有想到的一点开始谈起。这个关键点就是：美的集团是一家真正读懂或者说切中商业文明的企业。

为什么这么说？

这点体现在美的集团是以河流的视角来看待市场，即让“产品沿着河流流淌”。这是一个极富智慧的视角，承载了商业文明的本质。如果我们留心观察就会发现，从古至今，内陆地区的发展相对滞后，而沿海地区的发展会相对快一些，原因就在于商业文化发展的推动。

因为生活习性的原因，内陆地区文化相对封闭，沿海地区则有更多的机会通往外面的世界，从而产生更多的交易和贸易，商业文化的发展也就更快。从另一方面说，这些相对开放地区的人也更容易接受外界的事物。而今天互联网时代的新商业文明就在于，借助互联网可以让商贸流经更多的受益者。

所以，拥有河流的市场思维，就是美的集团的商业洞见，是符合商业发展的本质的。这也是市场演化的本质，当一个企业的市场拓展遵循一定的规律时，就会在正确的轨道上。因此，河流对于美的来说就是顾客，是可以引水灌溉的渠道，也是向导和领路人，是指引企业市场拓展的明灯。

借船出海

在这种思维逻辑的基础上，当美的真正出海的时候，它总是会借船出海。因为当企业的品牌建设能力不够的时候，是没有消费者会选择这家企业的。更重要的是，不会有渠道来买进自己的产品。要知道，没有渠道出海，面对汪洋大海，无异于跳海自尽。在海外人生地不熟，这是跨区域经营困难的原因，所以，依然要借助合作的方式，哪怕自己已经是国内的第一。

当年李连杰进军好莱坞的时候，他在亚洲市场已经很受欢迎，但他还是先以配角的方式参演了一部好莱坞的大片，让更多美国观众看到了自己的“真功夫”。这时候他才有机会去参演担任主角的电影。当然，商业市场的开拓会更加艰辛，但逻辑都是一样的。

因此，美的通过代工的方式认识了沃尔玛，获得了可以连通海外市场的渠道，才有机会让自己的品牌进入海外市场。这就是美的集团的海外市场逻辑——借船出海。当然，这不是长久之计，没有品牌溢价，代工的利润就会很有限。因此，这家企业未来全球经营的发展趋势一定会以自主品牌为主导。但是，这些要一步一步来。

把资源聚焦在战略上

值得一提的是，美的集团的产品线路也非常清晰。美的表面看起来产品并不少，但是逻辑都是从风扇开始一点点演化的。更重要的是，对于自己做不好的产品，美的不会去做。所以美的集团的主要产品全部位于行业前三。可以说，这不是一家随意的企业，而是一家非常专注的企业。

把产品、渠道和顾客组合在一起，这就是企业可以得到的真实市场了。一个拥有清晰战略方向的企业要在认清市场的基础上，将组织的资源全部围绕战略来投放。不能将资源投放在脱离了战略目标的事情上，否则企业就会偏离战略方向。

资源有多来之不易，恐怕像美的集团这样的中国制造企业会有更深的体会。一方面，中国整个家电业就是在和全球家电企业充分竞争的市场中活下来的，所以，本身就非常不易；另外一方面，中国传统制造业并不是风投眼中的

“红人”，这种环境恰恰造就了企业的自我生存和造血能力。

美的集团尽管拥有近千亿元的现金储备和数百亿元的年利润额，在资源投放上依然非常理性，就是用在战略目标上，否则资源就没有效率，这是任何结构和流程改造的方法论。我们看到了美的集团的战略思路，也看到了业绩结果，而在战略到结果之间，我们没有看到的是这家企业把组织资源聚焦在了战略上。

组织结构是宝贵的资源

其中，最具代表性的莫过于事业部组织结构了。事实上，组织结构包含着最重要的组织资源、人力资源和权力分配。

美的集团早期的产品战略很像是福特汽车公司的产品聚焦战略——只生产一款车，这样成本和质量都可控。而当美的集团中期采取事业部组织结构的时候，其实这个结构就开始为多元化的战略服务了。这个时期的美的战略更像是通用电气的“数一数二”战略①。所以，美的集团要求所

① “数一数二”战略指的是不在核心业务圈内的业务就要被整顿、出售或者关闭。

有产品都在行业内排进前三，否则就不去做。这就意味着不会造成事业部的资源浪费。

而当 1997 年美的集团开始拿出事业部的资源去力争行业前三的多元化战略时，美的集团开始了业绩的爆发式增长，年营收从 30 亿元一路飙升到今天的 2000 亿元。所以，美的集团有通用汽车事业部结构的影子，也隐藏着福特公司早期的产品策略。而从整个战略与结构关联的角度看，美的其实是融合了通用电气的“数一数二”战略和通用汽车的事业部结构。

市场战略清晰，资源投放准确，企业没有理由不成长。很多人常说管理方法论突破国界会水土不服，真的是这样吗？也许只是我们没有读懂管理，没有把握产生绩效的关键和本质。这些跟国界无关，只与自己的境界有关。

下一个机会：协同开火

当然，除了全球经营的自主品牌发展，美的集团要在下一个 10 年、20 年甚至更多年持续领跑，一定还需进行持续的战略与组织变革。对于现在的这一切积累和能力恐怕依然要做出新的调整。拿美的集团最强的分权基础来说，在战略上要开始从多元化战略向产品协同战略迈进，比如用各种家电组合成智能家居方案，而这个动作显然不是调整战略那么简单，而是要求相应的事业部要跟着协同起来。这就意味着还要进行事业部的协同创新改造。

并且，这种战略上的业务协同对美的研发的核心能力也提出了更高的要求，因为不仅要让单个产品强，还要让产品组合共创价值。这种组织上的结构协同也对美的的企业文化提出了更高的要求，要将“占山为王、各自称霸”的高绩效文化转变成“通力合作、相互扶持”的开放性共生文化。

过去美的集团为了实现各个事业部的个体成长，而采取了组织分权的手段，让每个事业部都能拥有充足的火力。但是，为了更好地创造为用户提供解决方案的价值，今天也许到了大家协同开火的时刻了。事实上，从事业部分权的那一天起就意味着这一刻迟早要来。“分久必合，合久必分”，这是能造大势者的规律。不论如何，对于一个企业来说，“五十知天命”。当企业可以安心思考如何面对未来变化的时候，一定会理出百年基业的思路。

总之，只要企业在正确的市场跑道上付出汗水，就可以不断奔跑。

技术的市场威力

有一家企业，于 1987 年“出生”于深圳，1992 年的年销售额为 1 亿元，1997 年的年销售额为 41 亿元，1998 年的年销售额为 89 亿元。从 2004 年～2014 年，这家企业的年销售额从 300 亿元增长至 3000 亿元；而从 2015 年～2017 年，它的每年销售增加额为 1000 亿。它用 3 年的时间再造了一个 3000 亿的企业。2017 年，在企业的“而立之年”，它的年销售额达到 6000 亿元。

这家在市场上威力无比的企业就是华为。

改革开放后的 20 世纪 80 年代是一段激情燃烧的岁月。那时，《狼》《冬天里的一把火》《一无所有》这些歌曲轰动一时，风靡大江南北。“只为那传说中美丽的草原”，“你就像那一把火”，“我要给你我的追求”，这些歌声飘过近 40 年，虽然封存已久，但是经历过那个年代的人一定对这些激情澎湃的歌词记忆犹新，而这些印记中的竭力呐喊和呼唤,就是那个时代的真实写照和缩影。

事实上,20 世纪 80 年代的中国通信市场是国外企业的天下,即所谓的“七国八制”——7 个国家、8 种制式。到了 90 年代,中国企业“巨大中华”从“七国八制”中突出重围,也就有了当时被人们熟知的巨龙、大唐、中兴、华为。也因此出现了希望集团与正大集团的交锋,中国家电企业与西方家电企业的对垒。这一批中国企业常常和民族气节联系在一起,并延续至今,在互联网零售、汽车等诸多产业中都彰显着中华民族自强不息的民族精神。

“狭路相逢勇者胜”,但是要打持久战,不能只有民族气节,更要用实力做底气。对于华为来说,这个底气就是技术。

1998 年,华为继续凭借狼性的市场开拓精神勇往直前,年销售额翻番,成为中国通信市场的领头羊。同年,华为开始从制造商向服务商转型。《华为基本法》孕育三年而生,其中的首要共识就是要为服务顾客价值艰苦奋斗。同时,华为向率先完成转型的 IBM 学习,请 IBM 做顾问,完成转型的核心工作就是研发的流程再造,通过集成产品开发(IPD,Integrated Product Development)的方式保证研发向市场发力,由技术人员和市场人员共同开发产品。

进入 2000 年后,这种方式演变成为华为的矩阵结构。职能人员协同作战,成为华为执行任务的一种工作方式和习惯。与此同时,华为每年保持销售额中 10%以上的研发投入,巨大的研发投入,再加上研发指向市场,使得华为研发在市场上呈现出了惊人的爆发力。更特别的是,尽管是面向市场,华为依然留给研发很高的容错率,这为研发创新提供了保证。进入 2010 年,华为在通信业务的现有优势基础上,开始向终端的消费者端发力,以手机业务为代表的爆发式增长,为华为在 3 年内从 3000 亿销售额的基础上翻番提供了重要的市场保障。

华为为何能呈现出如此强大的市场威力?

看看华为的名字就知道了,华为技术公司。华为是一家技术公司,归根结底,华为的核心能力就在于技术。

做一家名副其实的技术公司

其实,公司的起名本身就是一种艺术,可以体现企业的战略逻辑。“中华有为”以及“心系中华,有所作为”,除了从民族气节的角度去释义“华为”这两个字,关键点还是在技术这两字上。对比华为通信技术公司及华为技术公司这两个名字，差别在于，后者聚焦在技术这两个字，让我们看到这家公司对于技术的重视。而当技术足够强的时候，企业就能够以技术为中心开展不同的业务，不论是面向通信端，还是消费者端。这正是华为以技术为核心能力的经营逻辑。而如果华为是聚焦在通信技术上，这不仅会分散技术作为核心的分量，也会局限技术的应用，可能华为只能在通信端的市场创造优势。这样，技术作为核心能力的用武之地就少了很多。

有能力、没核心，就是花架子

事实上，很多人都听过核心能力或者核心竞争力这个词，但是未必知道核心能力是如何界定的。核心能力之所以可以被称之为“核心”，就在于能够以这项能力为核心展开多元化的业务。

比如，一些企业看到手机市场的爆发式增长就跟风做手机。也许从表面上看，这些企业开展的很多业务是一样的，但是表现出的竞争力却完全不一样。原因在于，竞争力更弱的那些企业，更多是因为市场的诱惑去做了那个新业务,而竞争力更强的那些企业则是依靠内在核心能力的支撑去做了这项新业务。这就是核心能力这个词可以创造竞争力的理论逻辑,也是在管理实践中华为高度重视技术这个核心的原因。

也因此,相比很多跟风进入手机市场的企业,华为进入得要晚很多。甚至在 2000 年初期中国手机企业井喷的年代,我们都没有看到华为的身影。但是,进入 2010 年以后,一方面,随着互联网技术带给人们生活方式的改变和年轻一代主力消费群体的成长,中国市场彻底从卖方市场进入买方市场,顾客面被彻底打开。另一方面,华为在技术上也夯实了足够的基础。这个时候,华为开始真正在消费者市场上大显身手。这体现了华为对市场的狼性的敏锐度,更体现了华为的技术底气。

顾客生活是施展核心能力的舞台

事实上,手机从传统手机升级到智能手机,代表的是顾客生活的改善,而产品升级或颠覆的背后实际上是对技术提出了更高的要求。换言之,顾客的生活越进步,需求水平越高,对产品技术含量的要求也会越高。这个时候谁的技术更扎实，谁就会成为最大的受益者。因此，也许在产品的初级阶段，技术的优势显现并不明显，但是随着产品的演化和顾客需求的提升，那些技术功底不够的企业就会渐渐败下阵来。

所以，除了可以支撑多元业务，核心能力还有另外两个标准：一是可以贡献顾客价值，二是不容易被模仿。华为产品研发的市场导向保证了顾客价值的创造，而其技术能力是否容易被模仿呢？不妨想想，一家拥有巨额销售收入的企业，连年投入销售收入的10%以上用于研发，有多少家企业可以在短期内做得到这一点呢？“冰冻三尺，非一日之寒”，这种持续的积累从另外一个方面说，也为华为搭建起了高度的技术壁垒。

这一点上，我们个人又何尝不是如此。想想看，我们有一技之长吗？我们真的在专注于提升某项核心能力吗？我们真的在为自己的核心能力努力付出和不断积累吗？要知道，企业和人都没有办法靠投机取巧立足。

不要害怕失败

最后来谈一谈研发的核心思想——容错。如果一个公司打算以技术作为核心能力，那么在研发上就必须要做两件事情：一是保证现有业务的研发供应和创新，二是开发公司的未来业务。如果一个以技术作为核心能力的公司做不好这两点，就无法展开维持企业不断增长的新业务，技术自然也就不能成为其核心能力。

而不论是对现有业务的创新，还是对未来业务的开发，本质都是在进行研发创新。创新就必然存在失败和不确定性。而一项创新技术未必能在短期内见效，要留给时间去哺育创新，也要留给时间去检验创新。如果不允许失败，就会造成创新的阻隔，也就无法培育起核心能力。换言之，也许我们今天看到的手机业务，华为很早就已经开始进行研发准备了，近年的业绩爆发只是其不断试验的结果而已。

用核心能力支撑双元战略

从这个角度来看，也许我们不需要多元化，而是需要双元化。一方面企业要做好现有业务，另一方面也要在此基础上创新，保证从现有业务的资源中拿出一部分滋养未来的业务。等未来业务发展成熟，再进一步反哺下一个未来。双元业务交互前进，足以使企业基业长青。

如果一个企业做了十几个产品或业务,但没有考虑未来业务,只能说明这企业采取的是一个没有未来的多元化战略,并没有形成双元战略。而一项没有未来的战略,不能称之为战略。

同样,如果华为想要在未来持续保有优势,在某种程度上就要把手机当作现有业务来看待,在继承和创新现有业务的同时,一定要做更多的技术创新去为下一个未来做准备。这样,华为的技术才能持续成为自己的核心能力,华为才可以持续成长下去。

换言之,6000 亿元的年销售额并不是最重要的,能不能持续走下去才是最重要的。华为说自己已经进入无人区,事实上,只要手持核心能力这张王牌就不用怕,前方的路也一定会因此而被照亮。

别把市值当回事

20 世纪世界上最年轻有为的高科技公司是哪家? 答案恐怕非微软莫属。微软于 1975 年出生,在 1999 年,也就是微软 24 周年的时候,它坐拥市值6000亿美元,成为全世界市值最高的公司。这个数字在20年后的今天看来都是一个极为可怕的数字。当然,比尔·盖茨的大名也走进千家万户,盖茨也几乎成了世界首富的代名词。

不过好景不长,在这个江湖当中,一帮年轻人开始出现并闯荡,随着亚马逊、谷歌、脸书这些90后和00后的迅速崛起,微软的市值在过了青春期之后不断蒸发,到了它40周年的时候已经缩水为巅峰时的一半。与此同时,亚马逊和谷歌的市值也像年轻时期的微软一样不断飙升,把微软抛在身后,甚至连盖茨自己都早早地卖掉了微软的股份。不过2017年,微软的市值又奇迹般地重回6000亿美元,开始向9000亿美元的苹果、8000亿美元的亚马逊及7000亿美元的谷歌靠近。人到中年的微软,似乎又重新迎来了春天。

市值在今天已经成了一个非常流行的词语,尤其是对于高科技公司而言。可事实上,市值不管如何起起落落,都如同传统企业的规模一样,是个"身外之物"。

你的眼里不应该只有市值和财富

当然，不是说规模和财富不重要，只是我们再三强调，不论是销售额还是市值，这些都不是经营企业的目的。如果我们太在意规模，太在意自己的财富和市值，那么当拥有足够高的市值时，我们也许会到达事业的顶峰。但是这个顶峰会变成一个拐点，之后就会出现下滑。

自始至终，经营企业的注意力就不应该放在规模和市值上，规模和市值有第一位的排名，但是经营企业永远没有第一的概念，有的只是永续经营，持续领先。

对于微软，人们把太多的注意力放在了这家企业的成就上，尤其是缔造了一位世界首富上。可是我们，包括微软公司自己都更应该注意的是——微软公司付出了什么，才取得了如此的成就？

微软可以年少有为，能在青春期表现出巨大的爆发力，究其原因主要是两点：一是技术能力；二是与强者组合，一起共生。

和强者共生

微软的技术成就众所周知，可是，很多人都忘了微软成功的另外一半，那就是合作伙伴。事实上，IBM 在 20 世纪 80 年代的成功离不开微软的出现；反之，提到微软真正的第一桶金，也当然要提到 IBM。IBM 号称“蓝色巨人”，而微软的年少成名很重要的原因是因为自己可以站在巨人的肩膀上。

了解 IBM 的成长历史就会知道，从 20 世纪 80 年代开始，IBM 开始从商用电脑进军个人电脑的领域。1981 年～1984 年，IBM 迎来了公司发展历史上的业绩巅峰，年销售额从 290 亿美元增长到 460 亿美元，年利润从 33 亿美元增长到 66 亿美元，并且占据市场的半壁江山。而在这个过程当中，恰恰有一位重要的伙伴陪伴着 IBM，这就是初出茅庐的微软。从 1980 年开始，微软开始为 IBM 提供操作系统，而当 1984 年 IBM 迎来业绩巅峰时，微软也赢得了它的第一桶金，年销售额突破 1 亿美元。有意思的是，从 1984 年开始，苹果公司开始用 Mac 电脑向 IBM 宣战，而 IBM 和微软也始终在一起联合应战，从而守住了个人电脑的战场。

虽然不能说微软的命运和IBM紧紧联系在一起，但是在某种程度上，它们的确彼此影响。进入21世纪后，IBM已然成功向服务转型，找到了自己的新活法，可是微软似乎在自己的阵地上迷失了。微软的重心依然是在个人电脑上，不过随着移动端的出现，微软需要开始寻找新的伙伴。于是，微软找到了诺基亚，不过这次最大的不同在于当年的IBM是电脑市场的蓝色巨人，而此时的诺基亚已是昨日黄花。最终，二者的合作以失败告终。

所以，企业还是要与强者组合，一起共生。那么这里还要问一句：自己凭借什么可以与强者组合在一起？

没有产品一切都是浮云

拿得出手的产品才是"身内之物"，而不是所谓的"市值"，没有足够好的产品，再高的市值都是浮云，都会被蒸发。

1980年，微软拿出了DOS磁盘操作系统。用过这个系统的人都知道，其操作并不简单，需要用户自行输入各种命令和构建程序，但是在当时已经足够让IBM眼前一亮，于是微软被IBM选中，与其共同开辟了个人电脑市场。1984

年，苹果 Mac 横空出世之后，微软不甘示弱，于 1985 年推出第一版视窗操作系统，也就是 Windows 的 1.0 版本。10 年之后的 1995 年，也就有了中国人最为熟悉的“Win95”。从命令到视窗，随着操作系统的简单化，个人电脑也逐渐真正地走进了千家万户。这才是微软最让人敬仰的地方。

过度地看重外部荣誉也许会让自己变得有些轻浮。很多时候，我们评价很多富人不再“接地气”了，甚至是“忘本”了，说的就是这一点。不管你拥有多大成就，一定要记得自己的安身立命之本。所以，当微软不能再拿出更具影响力的产品或服务时，公司的市值自然会被蒸发，这时候，也很难有强者愿意和它组合在一起。

还要记住一点，活力与年龄无关。虽然亚马逊、谷歌、脸书这些年轻企业活力四射，但冲在最前的却是和微软几乎同龄的苹果公司。众所周知，苹果公司的厉害之处就在于它能源源不断地打造出具有影响力的产品。

从现在开始不惑

当然，如今微软的市值又重新上升了，于是又有很多人大谈微软转型成功。但是，无论是作为学习者还是微软自身，都不应该再过度在意这些数字。微软的市值回升是因为自己重新拥有了理性的判断——放弃手机，重新专注于技术和寻找合作。它与小米这样的中国“年轻小伙”合作，与领英这样的职业社交新秀合作，与通用电气这样的老牌技术公司合作，这些合作都只有一个目的，就是让自己的技术为更多用户创造价值。

这才是属于微软的“四十不惑”，不再困惑于成长，而是知道该如何努力。其实未必只有 40 岁可以不惑，等到 50 岁、60 岁，甚至更高龄的不惑也都不算迟。关键就在于从现在开始抛开虚名，保持清醒，努力夯实自己的基础，努力与人合作。

没有失败，也没有成功，只有重生

其实微软是特别值得中国企业学习的一家公司，尤其是对于在中国改革开放初期创立的一些老牌公司来说。因为年龄相仿，很多从那时走到今天的大企业经历过许多大风大浪，到今天也遇到了同样的成长困境。我们不能因此而否定甚至唱衰一些处于困境或逆境中的中国企业。

比如说曾经继承了 IBM 个人电脑衣钵的联想集团，哪怕它在今天的业绩增长方面遇到了一些困难，但是想想IBM可以成功转型，微软可以成功转型，为什么我们中国企业不可以？所以，联想集团继承的最大收获并不是个人电脑，因为这项资源也许在10年后就会枯竭。对它而言，最大的收获应该是IBM持续转型的勇气和行动，这是更为宝贵的，也是让一个企业能够永动不息的资源。

站在历史的长河当中回望，世界上没有绝对成功的企业，只有可以坚持努力让自己走下去的企业。企业如果能够理性地作出判断，唤醒自己，就一定可以走出困境，再造卓越。

综合与专业是孪生关系

亚马逊，1995年创立于美国，创立之初是一家网上零售书店，两年之后，亚马逊马上对自己重新定位——与沃尔玛一样成为综合零售商，不过它是一家线上零售商城。在随后的20多年里，亚马逊发展成了全球最大的购物网站。

2017年，亚马逊的年销售额约为1800亿美元，在“世界500强”的榜单中，沃尔玛以5000亿美元的年销售额高居榜首，亚马逊也进入全球前20位。同时，亚马逊也成为全世界市值最高的公司之一，和苹果公司的市值不相上下。2018年，亚马逊的市值达到9000亿美元，苹果公司为9500亿美元，两家公司随时都可能踏入市值10000亿美元的大门，开辟一个新的市值时代。

全食超市是美国最大的食品零售商，创立于1978年，经过40年的发展，全食超市在美国已经拥有265家门店，年销售额突破百亿美元。更重要的是，全食超市40年的发展极为聚焦，在其专注的高端食品和有机食品领域所向披靡。在这一点上，沃尔玛及同类食品零售商都不是它的对手。

美捷步是华人创业者谢家华创立的一家售鞋网站，创立于1999年。尽管它面对着美国诸多线上线下的零售巨头，但是在其创立不到10年的2018年，这家专门售鞋的零售网站的年销售额已经突破10亿美元，成为全美最大的售鞋网站。

这三家公司有什么联系吗？

可以说，全食与美捷步合在一起，成就了更强的亚马逊。

亚马逊做综合零售企业，全食超市和美捷步是专业零售企业，各自有各自的活法。一种活法是像沃尔玛一样，做真正的综合零售；另一种活法是像百思买一样，做真正的专业零售。现在，当综合零售和专业零售走在一起的时候，就有了第三种活法：共生。

亚马逊×全食超市×美捷步×若干伙伴＝新零售巨头

亚马逊的成长速度非常快，只花了 20 年的时间就成为全球市值数一数二的公司，成了几乎可以匹敌沃尔玛的新一代零售巨头。很多人认为这是由于互联网的推动让亚马逊赶上了好时代。其实互联网发展只是外部条件而已，太多企业都深处其中，都在享受互联网时代的红利，但是未必能跟得上互联网时代的节奏。而亚马逊的奔跑速度可能要比互联网还快。或者说，互联网的发展有多快，亚马逊的发展速度就有多快，甚至更快。

从本质上讲，亚马逊跑得快的原因在于不断集结各路高手，与各路高手一起，协同创造出了强大的爆发力。这个爆发力让亚马逊跑得比任何单个对手都要快，并且是带动镶嵌在亚马逊上的“众人”一起领跑互联网时代，这就是共生的力量。

事实上，亚马逊成立20余年一直都在和各路高手合作，全食超市和美捷步只是其中的两个代表，还有很多影迷都知道的IMDb①，也早被亚马逊收入旗下。所以，无论是买吃的穿的，还是看的东西，很多时候顾客都以为自己消费时是在和一个专业网站打交道，实际上他们都是在和亚马逊打交道。也许消费者的观影喜好、饮食爱好、生活习惯和方式都正在被亚马逊捕捉、引导，甚至在不知不觉中被改变、颠覆和创造。

新进化论：从个体进化到协同进化

2017年，亚马逊花了137亿美元“吃”下了全食超市，瞬间把100亿美元的年销售额吃到了肚子里。但是，亚马逊

---

① 互联网电影资料库(Internet Movie Database，简称IMDb)是一个关于电影演员、电影、电视节目、电视明星、电子游戏和电影制作的在线数据库。

之所以会开出如此天价，甚至是抢先对手购买，可不只是因为这100亿美元的年销售额——全食超市的营养远不止于此。除此之外，在如今线下线上联合共创价值的时代，亚马逊还拿下了300家实体门店。作为综合零售商，亚马逊补充了自己的产品线，在高端食品领域，亚马逊抢先一步，也因此有机会接触到了新的顾客群体。

找到顾客，这才找到根本。顾客是各方协同创造价值的方向，也是双方或各方可以共生的基础。

亚马逊的线上优势和数据处理技术，协同全食超市的线下黄金地段、冷链食品保鲜、配送体系及高端用户数据从而迸发出强大的协同效应，亚马逊和全食超市都变得更强了。

从这个角度来说，共生的协同进化速度和力量要远远超过个体的独立进化能力。

这就是为什么这笔交易可以达到137亿美元的天价。亚马逊买的其实是共生价值，每找到一个这样的共生伙伴，双方都能重生一次。

重新定义顾客价值

美捷步也是如此，这家由年轻华人创办的企业能在非常短的时间内一跃成为美国专业零售的霸主，一定有其过人之处。作为零售商，美捷步的过人之处体现在两个关键点上：一是顾客，二是物流。

鞋是一种非常特殊的商品，和很多日用百货不一样，鞋得穿在脚上才知道合不合适，这就是很多零售网站在售鞋上遇到的最大问题。而亚马逊与美捷步合作是出于战略性的眼光，因为这个问题是线上的难点，很多线上企业解决不了，但美捷步可以解决。

这家企业只用了 3 个字就解决了，即“3 双鞋”，给顾客同时发 3 双鞋，不合适的可以退回，并且由美捷步包邮，这才是真正的“无忧退货”。这个物流特征成了美捷步的最大卖点，成就了顾客价值。美捷步从顾客角度出发，重新定义了无忧退货。

支撑这种做法的背后是真正服务顾客的价值观，创始人自己撰写关于为顾客创造快乐的书籍，提出美捷步的使命就是去寻找顾客，把顾客挖掘出来，给顾客快乐，美捷步会通过数据测算接下来还有多少顾客等待着他们去开发，以及如何去开发顾客。

美捷步在意的是顾客的快乐及真正与顾客建立联系，对于客服，他们从来不用通话时间长短来考核，而是致力于让不满意的顾客变得满意，通话时间是美捷步给予员工的资源。此外，为了提升物流效率，美捷步把仓库建在了UPS的机场旁边。无忧退货、数据测算、快乐客服、物流效率，当这一切要素集合起来的时候，协同迸发出美捷步创造顾客的能力，让美捷步从最难的线上售鞋领域中脱颖而出。

创始人谢家华给自己封了一个“新官”——CIO，在美捷步，CIO不是通常意义上的首席信息官(Chief Information Officer)，而是首席创意官(Chief Inspiration Officer)。

协同创造无限生机

2017年，在全食超市销售百亿美元的时候，亚马逊拿出了超出百亿美元的天价来与全食超市合作。同样，早在2009年，当美捷步销售额快速突破10亿美元时，亚马逊就已经拿出了超出10亿美元的天价交易费用。

很多人对此都不能理解，全食超市真的值137亿美元吗？一个创立不到10年的线上售鞋企业美捷步，真的值12亿美元吗？

表面上看，这种做法确实不值。但是，当全食超市和亚马逊组合在一起时，当美捷步和亚马逊组合在一起时，就值了。

单独的企业也许都值不了那么多钱，但是协同共生就真的值钱了。因为它们可以协同创造出更大的顾客价值。亚马逊的数据处理能力可以协同美捷步的顾客服务能力，亚马逊的用户群体可以协同美捷步的客户开发意愿，甚至美捷步的创造力可以协同全食超市创新，在协同创造价值上，这可以释放出无限的发展空间。此外，在亚马逊上还有很多类似的共生个体。如此来看，这也许正是年销售额千亿美元的亚马逊可以被估值到近万亿美元的原因。

要有谋生技能融入共生体系

生存的第3条路，不是各走各的路，而是在一起协同共生。

这个经验不仅是给零售企业的，所有企业都可以借鉴。它不仅可以应用于组织，更可以应用在每一个人身上。我们要走自己的路，同时要找到伙伴携手同行。

反过来说，当别人都有伙伴帮助的时候，你孤身一人，一定举步维艰。但是，这也不意味着要完全指望着别人活，而是应该要求自己努力进步，否则可能就找不到优秀的共生伙伴。因为人人都想找好的合作伙伴，所以，不要在自己都不能努力养活自己的时候指望别人来养活自己。这是个人与组织的生态法则，是共生的互惠协同之道。

想想亚马逊、全食超市、美捷步，这些个体在结成连理之前，哪一个没有自己强大的竞争力呢？

共生是自己之前修来的福分

一个好的共生系统会判断你带来的是正能量还是负能量，我们一定不能在这一点上犯糊涂，这事关彼此的生存。

要考虑清楚我们能赋予别人多大的力量，所以激发自己，让自己积蓄能量，一定没有错。在这个共生时代，你积攒一份能量，也许等于储备了10份能量，反之，我们每浪费一份自己的能量，也许等于浪费了10份能量。我们已经身处共生体系中了，也许有人就正在寻找这样的你，而互联网这个“网子”更不可能漏掉任何一个怀才不遇的人。我们所处的共生时代协同互联网时代，眼下不就是最好的时代吗？

如果说缘分是注定的，那么必须要有前缘。这个前缘就在于自己的努力，首先就是自己对自己的改造和进化。因此，一切看似是缘分的组合体都是每个个体自己修来的福分。

这样看来，亚马逊、全食超市、美捷步这些个体在21世纪形成世界上最强的共生体，其实早已命中注定。当这些个体在20世纪努力修炼自己的时候，已经注定了在21世纪要有这样的缘分了。亚马逊、全食超市、美捷步是这样，张三、李四、王五也是这样，亚马逊如果没有张三努力，也许全食超市和美捷步就会投向张三的怀抱。所以，今天的安排是注定的，这些胜出的企业或个人可以组合在一起，是这些个体各自努力修来的福分。

不只是现在，未来也是如此。如果全食超市或美捷步“身在福中不知福”，未来不能持续努力的话，也许就会被换成李四和王五。亚马逊同样也不排除有被张三取代的可能。路已经在我们自己脚下了，要“惜福”，珍惜现在，认真走好每一步，现在就是未来的伏笔。

chapter 3

瓶颈的另一端

转型已经成为今天的流行词，很多企业也在行动上开始做转型。可是，需要我们格外注意的是，太多企业转型是因为存在瓶颈，但这也正是这些企业没有办法转型成功的原因。因为它们往往在还没有遇到真正的瓶颈时就已经开始忙着转型。事实上，很多企业遇到的只是困难，而不是瓶颈。如果当企业还没有在当前的行业中获得成功，我们其实还不能够谈瓶颈这个词，否则，转向任何其他行业仍会遇到同样的问题。

我们要做的，是不断去触摸自己以为的瓶颈之外的天空。这和转型是两个不同的概念，用创新来形容更为贴切。因此，关键在于，我们能不能用行业本质夯实自己的主战场，能不能用价值创造去开辟新天地，用持续不断的行动让自己创新不止，用积蓄的爆发力去冲破天花板，融入外面的世界，而不是停留在天花板之下仰望遥不可及的星空。我们要先触摸到第一颗星星，再去转而触摸更多的星星。

你想到的可能都是错的

西尔斯是美国最早也是迄今为止世界上最大的零售企业之一。西尔斯创立于 1884 年，初期以开展邮购业务为主。进入 20 世纪，这家企业已经成为美国最大的零售企业。到了 20 世纪 20 年代，西尔斯开始建设零售店，也就是我们今天所说的超市。20 世纪的前半叶，西尔斯在世界零售的发展历史上都发挥了非常重要的先驱作用。当然，进入 20 世纪下半叶，随着沃尔玛、亚马逊等零售新秀的崛起，这家老牌企业似乎不再那么耀眼，但是解读零售，必须要回到零售的起点，否则零售故事的秘密永远打不开。

今天很多人都在谈新零售。事实上，新旧零售的本质都是零售，如果读懂了本质，甚至可以说没有什么新旧之别。所谓的新旧零售，无非是将零售的本质放在不同的时代下去审视和把握。如果看不懂零售的本质就跟风去谈新零售，这一定是空谈，最后会发现再新的零售概念都不好用。

连接产品与顾客

回到零售的鼻祖西尔斯。为什么这家企业最早是做邮购业务的呢？邮购业务的意思是说，把产品目录寄给顾客，然后根据顾客的选择再邮寄产品。这样来看，恐怕很多人会惊讶，这是100多年前就存在的吗？现在不也是这样吗？只是技术手段不同而已。的确，这是现代零售的发端，也表现了现代零售的本质。

同样，就像理解为什么IBM最早是做秤砣的一样，理解西尔斯，也必须回到历史的时代当中，因为那是顾客生长的时代，是滋养企业成长的源泉。

那时美国也是农业大国，工业化正在开始走向繁荣。所以，老百姓是最大的消费者，其中最大的顾客群体是农民。工业化的工作方式带给人们最大的改变就是对于效率的重视。也许以前大家并不怎么在意时间，或者并不怎么去精确地计算时间，但是整个工业化进程在影响着人们观念的改变。所以在19世纪末期到20世纪初期，最流行的一种产品是用来确认时间的表，人们不再用日升日落的方式来估算时间。

因此，西尔斯看到了两个最重要的元素：一个是农民，另一个是表。那西尔斯是什么？西尔斯就是顾客和表之间的存在，这个存在就叫作零售。

农民代表顾客，表代表产品，那么，零售的定义就是产品与顾客的桥梁。这是零售的本质，也是零售的使命。零售永远都要去寻找这两样元素，并且要跟随这两样元素的变化而变化。如果跟不上它们的节拍，就会被产品和顾客甩掉，这也是为什么总会有零售新秀不断涌现的原因。当然，至少在20世纪的前50年，西尔斯是毫无疑问的零售开拓者和标杆。

零售的本质是物流

零售是连接产品和顾客的桥梁，从这个角度来看，零售有点像是牵线搭桥的媒人。但是，这只是对零售本质的初阶认识，是零售的存在价值。往更本质的地方去洞察零售的本源，就要从历史进程的角度继续分析。

不妨先来思考一个问题：西尔斯为什么一开始不建造

零售店，而是去做邮购的生意呢？其实原因也很简单，因为那个时候农民进城不方便。

再想一想，为什么西尔斯可以把产品邮购给农民？我们得先清楚一点，今天我们所处的时代交通已然非常发达，但是不要想当然地默认这些交通是自然而然出现的。现代交通是在过去的历史进程中一点点进步起来的。西尔斯正是把握住了美国交通发展的两大契机。

第一个契机是 19 世纪末美国铁路交通的发展。这也是管理学始于那个时期的钢铁产业的原因。科学管理解决效率问题的实验场地就是伯利恒钢铁厂。西尔斯就是搭上了这趟快车，给农民做起了邮购生意。从最初的钟表，到太阳帽、服装、日用百货，他的生意几乎是和美国铁路交通发展的速度同步，于是这家企业迅速成长起来。

第二个契机就是 20 世纪初期美国汽车交通的发展。这也正是现代管理理论初步成型的时期。福特汽车和通用汽车两大巨头在此期间崛起。到了 20 世纪 20 年代，这两家巨头共同完成了一件事情——让汽车取代了马车。这意味着，汽车时代真正到来了，人们的生活方式变了。

前面说过，零售的初阶本质是要连接产品和顾客，并且要跟得上顾客变化的节奏，不仅仅是产品要跟得上顾客变化的节奏，零售商的物流更要跟上，不然产品就会通过另外的企业流向顾客。

这个时候，西尔斯才开始建零售店、百货超市，因为人们的生活方式变了，有了私家车，农民进城方便了，顾客们的活动半径加大了。到今天为止，很多美国人仍然有居住在市郊的习惯，而这些区域也成了后来美国各大零售巨头深耕美国市场的重点。

这时，我们就能看到零售真正的本质了，零售的本质其实是物流。不论在什么时代，也不论所谓的新旧零售。“物”就是产品，“流”就是流向顾客，让产品流向顾客，这就是零售在做的事情。其实从某种程度上说，物流这个词比零售更能表达商品流通的本意。所以，回归零售的物流本质来说，如果一个零售商不具备物流优势或者不能把握住物流的合作机会，就一定会掉队。

所有的零售业态都会在物流的跑道上相遇

再想想阿里巴巴和京东的做法，一切都不足为奇了。阿里巴巴和京东都搭上了信息高速公路的快车，但是谁都没有忽略物流。要让天下没有难做的生意，物流这台大戏一定要唱好。

很多人认为阿里巴巴和京东的商业模式不同，但是具体到零售业务，它们在本质上一定是相同的。不同的是，合作和自营这两种方式到底何者可以把物流价值最大化。事实上，这两者并不是冲突关系，它们可以共存。如果这两种模式互不干扰，都用于顾客价值创造，那么两家企业其实是和而不同，都是在专注于零售的本质。中国物流水平的提升，会共同促进中国零售业的发展，并且毫无疑问，顾客也会成为最大的受益者。

不仅是阿里巴巴和京东，包括沃尔玛和亚马逊等在内的所有零售业态都会在物流的跑道上相遇，谁都不能松懈。当然，这条跑道联动着无数的产业和人员。

总之，时代进步了，零售的本质并没有发生改变。零售企业不要只看流行的概念，更重要的是去抓住零售的本质，否则，再流行的概念都与自己没关系。换言之，做零售，只需要不断地去寻找变化中的顾客和产品，并且让自己有技高一筹的物流能力以连接顾客和产品。在通往顾客的供应链条当中，谁可以更高效地建立产品与顾客的连接，保证产品、自身、顾客三方共生共赢，谁就可以在零售的位置上找到自己生存的位置。

一个好的零售商长什么样

零售商恰好处在产品和顾客中间的"C位",这个位置不好做,因为站在中间位置反而要做出更多的让步。零售商要让利给产品商和顾客,使得产品供应者有钱可赚,同时还不能赚顾客太多钱,要让顾客买到实惠,最后自己也不能赔钱。

所以,零售商需要四处奔波,去寻找物美价廉的产品,同时提升自己的物流效率水平,做到处处省钱,但是这些付出一定是"痛并快乐着"。因为零售商具有巨大连接的贡献,他们一旦做成往往就会成为"巨无霸",就可以牵动无数的大中小型产品供应商。尽管如此,零售商又不能太"霸道",不能店大欺客,否则又很容易被双边抛弃。所以,作为零售商,规模小的时候可能要看人脸色,"财大气粗"之后,还要保持谦卑。而这种谦卑应该成为一种宝贵的合作品质,事实上,对任何合作方都是如此。

这就是从零售本质出发描绘出的一个优质零售企业的样子——要四处奔波,要省吃俭用,还要保持谦卑,否则就找不到好产品给顾客,汇集不了很多产品商和顾客。作为产品商和顾客，我们也应该选择这样能让人放心、得到实惠的零售企业。

享受零售的荣耀

零售商最大的魅力在于它们可以伴随人们生活的美好时光。所以，不论今天西尔斯的规模如何，这家百年企业承载了无数人的记忆，很多代人的吃穿用度都是来自这个地方。

当然，这不只是针对西尔斯来说，各个零售商都是如此。正因为这样，零售商才要致力于将顾客的需求传递给产品供应商，并和各方一起创造人们的美好生活。这才是一个好的零售商无比光荣的生存价值和意义。这是零售的荣耀，也是为顾客创造价值的所有劳动者的荣耀。

零售企业们做到这一点，比读懂任何零售的前沿概念都重要。

开辟新蓝海

1984 年，在马戏行业并不景气的时期，一位喜欢街头表演的年轻人成立了一家马戏团。他从加拿大开始创业，仅仅3年之后，这家马戏团就登上了美国的洛杉矶艺术节。起初艺术节并不对马戏团开放，因为艺术节要的是艺术而不是马戏，但是这家马戏团用一出好戏敲开了艺术节的大门，这出戏的名字叫作《我们重新创造马戏》。这出好戏不仅震动了洛杉矶艺术节，也引起了好莱坞的注意，哥伦比亚公司甚至计划买下它的版权拍成电影。不过这家马戏团依然专注于自己独特的马戏事业，十余年之后，它成了世界第一马戏团。这家马戏团就是被誉为加拿大国宝的太阳马戏团。

只用了不到20年的时间，太阳马戏团就超过了拥有百年历史的世界马戏团王者——玲玲马戏团。2017年5月，因为不叫座，美国玲玲马戏团在完成了纽约的最后一场演出后宣布谢幕，这家有着百年历史的世界级马戏团正式退出历史舞台。而这一年，太阳马戏团的门票出售再创高峰，达到了1300万张。

如果把太阳马戏团和玲玲马戏团看作是马戏团行业的

两个王者,双方的竞演本身就是一出好戏。太阳马戏团的重头戏是《我们重新创造马戏》,玲玲马戏团的重头戏是《会跳舞的大象》。但是,在现实当中,太阳马戏团的确重新创造了马戏。不过,玲玲马戏团这头大象却没能舞动起来。

过去的资源已经过期

在太阳马戏团之前,玲玲马戏团一直都是马戏行业的领导者。玲玲马戏团创立于 1871 年,以稀有动物的表演为卖点,深受大众欢迎。作为行业先驱,玲玲马戏团也以此定义了马戏行业。此外,玲玲马戏团的核心资源莫过于自养的大象。基于此,它一直延续下来的招牌大戏就是《会跳舞的大象》。这就是玲玲马戏团的战略逻辑,看起来似乎没有什么问题。它在战略上非常专注,同时又拥有核心资源,但结果是它倒下了。由此可见,即使企业在战略上专注,也拥有核心资源,未必会拥有持续的竞争力。所以,专注和资源并不是企业长生不老的灵丹妙药。那么问题到底出在哪里?

解答这个问题,就得回到马戏新秀——太阳马戏团上来。事实上,如同太阳马戏团的创团大戏《我们重新创造马戏》寓意的一般，这家马戏团成功的关键就在于对行业的创新上。

其实马戏团这个行业最受欢迎的时期是19世纪。进入20世纪之后，观众就已经开始被电影等各式各样的娱乐方式分流，这也是整个马戏行业开始走向下坡路的一个重要原因。更直白地说，如果有其他更精彩的娱乐方式出现，这个行业都有可能会退出舞台。

另外一个使马戏团不堪重负的地方在于对动物的依赖。大象、狮子、老虎这些核心资源成本高，更重要的是，表演相对单一，长期下来会使人们审美疲劳。并且随着社会的发展，各种动物保护组织也纷纷对此做出反对。所以，由于成本高、价值低，出力不讨好，马戏行业要想存活下来，注定要被重新定义。动物已经不能成为真正的核心资源，因为它们已经无法创造更高的价值。可以说，在玲玲马戏团手里攥了一百多年的资源已经过期了。

我们务必要注意，企业的资金非常有限，资金投放的要素必须是可以创造高附加值的要素，而不是那些高成本、低价值的要素。在今天的马戏行业，相比动物资源的稀缺，资金更宝贵，所以每一分钱都要用在刀刃上。

所以，贵和宝贵其实是两个概念，关键得看是不是

“宝”。能创造价值的，我们才能将之视若珍宝。

要对行业有新的认知

正当整个行业都围绕着行业老大玲玲马戏团转时，太阳马戏团横空出世。从创立初始就对准艺术节，太阳马戏团开始用艺术的方式重新定义行业。

如果说以玲玲马戏团为代表的传统行业的焦点在“马”上，太阳马戏团的重心则压在了“戏”上。他们抛弃了整个行业最看重的动物资源，转而聚焦于戏剧的设计。太阳马戏团的目标不再是用单一的动物表演去吸引小孩子，而是用充满想象力的剧情去吸引更多的大众。因此，他们打开了整个行业的边界，接触到了更多的观众。

有人觉得太阳马戏团是“四不像”，有时像马戏，有时像戏剧，有时像一部大电影，有时甚至像是普及知识的科教演出。谁都不知道太阳马戏团的边界在哪里，可正是如此，太阳马戏团找到了更多的顾客。

很多人喜欢用“发现蓝海”来形容太阳马戏团的突破。从接触的顾客面来说，之前的马戏行业并没有在“大海”中，可能只是在一条“河”里，久而久之这条“河”变成了一片死水。而真正的“大海”是一望无际的，是可以容纳物种共生的。从这个角度来说，太阳马戏团的路还很长，并且是“道阻且长”，因为一旦闯入了真正的“大海”，就要不断地学习与更多物种共生。

虽然太阳马戏团模糊了行业的边界，但是它让自己汇入了“大海”，这个“大海”就是海量的顾客。太阳马戏团的核心能力也在于想象力，它们用内容创造出各式各样的表演，比如《阿凡达前传》和《生命的各种探索和展现》，甚至用表演去致敬迈克尔·杰克逊。相比通过动物成本带来的单一表现价值，想象力让内容的成本创造出更大的价值。因为大象的花样有限，而人生的故事则丰富多彩。

作为高科技企业的马戏团

太阳马戏团的“四不像”只是表象，这个表象的背后是有价值的内容，而内容背后则是想象力。所以，太阳马戏团实际上是一家内容设计公司，再进一步从本质上看，将其称之为一家高科技公司也不为过。这家马戏团每年会拿出七成利润用于新节目开发，而一个新节目对于观众的保鲜期目前是在3到5年,太阳马戏团用高研发投入让新产品源源不断,这正是一种高科技企业的做法。

用利润养研发,也是因为研发可以创利润。如果不研发内容,一味地把重金压在贵重的动物上——成本高、产出低——就不会收获利润,这也是很多企业利润不足的原因。因为利润不足,也就没有资金投入新产品的开发,从而导致恶性循环。这就要求企业必须迈出艰难的一步,学会归零,把有限的资金用在可以创造高附加值的元素上。

此外,在生存手段上,除了核心能力,太阳马戏团是一家非常善于合作的企业,从创立初期与艺术节的合作,到与百老汇、好莱坞等伙伴的合作,都让彼此在“大海”中有了更强的共生能力。

过去我们喜欢用蓝海战略来形容这家企业的成功,但是今天我们可以再换一个角度来看待这种成功:其实我们一直都在蓝海之中,只不过需要用容纳顾客的胸襟来唤醒自己。此外,当我们身处“大海”时,还需要保护“大海”,维护生态,协力创造顾客价值。这样一来,我们营造出的一定不再是红海,而是一片蔚蓝的海洋。

李连杰的谢幕和吴京的蓝海行动

上面的案例让我联想到大银幕上的两位动作英雄——李连杰和吴京。20 世纪八九十年代，被誉为“功夫皇帝”的李连杰，曾和成龙一起领跑整个功夫电影的黄金时代。当李连杰的师弟吴京出山时，功夫电影已经到了低潮时期。虽然同样拥有硬桥硬马的真功夫，也被冠以“功夫小子”的称号，但限于市场的表现，吴京不得不只在香港电影中出演许多不起眼的角色。经过 10 年蛰伏，2017 年吴京自导自演的电影《战狼 2》拿下了近 57 亿的票房，打破多项中国影史纪录，并且成为第一部跻身全球影史票房百强的中国电影。这些成就一方面是吴京的厚积薄发，另一方面其实是他的另辟蹊径。

《战狼》系列已经不完全是功夫电影，有人说是功夫片，有人说是军事片，有人说是战争片，还有人觉得是爱国主义教育片等。但这部电影把功夫电影的边界彻底打开了，为功夫电影开辟了一片新天地。《战狼》最引人注目的不是近 57 亿的票房，而是 1.6 亿的观影人次。要达到这个数字，一定是吸引了功夫片影迷之外的大量观影人群，观众不只局限于年轻人，而是广大的男女老少。这部电影甚至拉动了那些从来不进影院的人去观影，这就是开放边界的魅力。

当然，电影本身要足够精彩才能匹配创造顾客价值的能力。李连杰说他不会去开飞机、开大炮，因为自己没学过。吴京说他必须要去学开飞机、开大炮，因为自己会用到，所以他进部队当了两年特种兵。这种细节上的差异，反映的正是两人在创新思路上的不同。正是因为吴京的创新，才能让他吸引海量的新顾客。

毫无疑问，李连杰是功夫电影里的绝对稀缺资源，片酬极高，但是从价值创造的角度，他本人选择淡出银幕已经是最好的安排。同样，未来的中国电影也不会再完全依赖某一个人的号召力，而是要看作品本身的魅力。这是太阳马戏团的成功经验和它能否持续领先下去的关键，也是中国电影能否取得更大成就的关键考验。

重新理解战略聚焦

不论是太阳马戏团的蓝海战略，还是吴京用《战狼》系列开辟的新蓝海，都体现出战略成长空间的重新开启。但是开放边界并不是多元化经营。在战略层面，两者的做法最具艺术性的地方在于，看似是开放了边界，但是战略的焦点却非常清晰。对于太阳马戏团来说，它仍然是聚焦在马戏行业，只不过在重新定义马戏行业。对于吴京来说，自己仍然是功夫明星，只不过在重新定义功夫电影。准确的重新定义带来了焦点的爆发力，从结果上看，其实是放大了焦点，使得这个更大的焦点可以容纳更多的顾客。但是焦点再大，也都是围绕着一个核心点。

正如滴水穿石的确是要始终把水滴向一个点，但不意味着水的形状不能变。愚公移山的确是要把一座大山移开，但不意味着是愚公一个人来移山。聚焦同样需要灵活性和开放性，灵活和开放也是为了要突破焦点的问题，在聚焦中拥有变化，才能达成目标。

新顾客才是行业和企业的新生命

关于市场的话题，最后仍需要回归根本点——顾客。一个人、一个企业、一个行业想从新的蓝海中找到生命的希望，最有效的方式就是找到新的顾客。

传统马戏团行业的没落，功夫片市场的萎缩，玲玲马戏团的倒下，究其根本原因就是顾客不足。老顾客已经对其失去了热情，而新顾客又没有被吸引，再强的王者遇到这种局面，都在劫难逃，一定会萎缩、衰败。

电影《百鸟朝凤》是老一代导演吴天明留给世人的最后一部作品。这部作品发人深省，讲述了一种艺术形式和一个戏团的兴起和衰落。唢呐艺人的表演最初是备受尊敬的，尽管这种表演形式已经流传了几代，曾经也拥有辉煌，但而今已然没有多少观众了。这种曾经被认为是最高艺术的表演形式已经不是新时代年轻人的选择，尽管唢呐艺人竭力捍卫着这门手艺的尊严，用尽生命的力量去演绎，但终究无法挽回凄凉的结局。

所以，怎样才能捍卫行业？不论如何，得让行业活下来才可以。要让一个行业活下来，让一个企业活下来，就得有顾客愿意为其买单。对于顾客已经不再喜欢的内容，我们必须要去重新定义和创造，这就是创造顾客价值，这样才有可能留住老顾客，同时吸引更多新顾客。当新顾客变成老顾客时，企业又要继续去寻找新顾客。只有这样，企业的雪球才能一点点滚大，一门手艺才能逐渐被发扬光大。

从这个角度来说，蓝海没有止境，开辟了一次还要继续再开拓，没有一劳永逸的战略，转型一次还要继续转。这才是对行业和企业尊严的真正捍卫。

认清自己的主战场

电路城创立于1949年，曾经是美国最大的家电零售企业。之所以说是曾经，是因为这家曾经在家电零售市场上叱咤风云的零售巨头竟在2008年的金融危机中倒下了。在其步入花甲之年的时候，电路城退出了历史的舞台。

电路城最后一任首席执行官施科纳维这样形容电路城60年的起伏：从优秀到卓越，最后却是倒台。作为对比，百思买创立于1966年，目前已成为美国最大的家电零售企业。作为后起之秀，它用了30年的时间超过了电路城，至今仍在全球家电零售行业保持领先。

沃尔玛是综合零售的代表，出售着各行各业的产品。而在整个零售业态当中，还有另外一个物种存在，那就是专业零售，比如专门售卖食品、服装的企业。在家电走入千家万户的过程当中，除了像沃尔玛这样的巨无霸，还有另外一种专业人士在带路，那就是家电零售企业。家电产品单价较高，使用人群广泛，所以家电行业成了全世界体量最大的行业之一，当中也诞生出了无数的家电巨头。所以，不论是电路城还是百思买，透过家电零售企业，我们可以看出专业零售企业的生存之路。

什么样的零售企业可以活下来

在整个零售的业态当中，有两种类型的业态可以活下来，并且活得很好。一种是真正的综合零售，经营日用百货，但是要达到足够的规模和影响力，比如沃尔玛。另外一种就是真正的专业零售，把自己专注的品类做好，比如百思买。其中，“真正”这两个字非常重要。通过这两个字，我们会知道电路城为什么可以从优秀到卓越，也会知道电路城为什么会倒下。

电路城之所以卓越，是因为它是一家真正的专业零售商，而电路城之所以会消亡，是因为它不再是一家真正的专业零售商。虽然电路城一路都在尝试改变，但是也没能把自己变成一家真正的综合零售商。所以，它无法找到自己的生存空间。

其实,专业零售可以转为综合零售,但是有个前提条件:必须保证把现有的专业零售做好,必须是在保证现有零售竞争力的前提下,去拓展新的零售,或者说去寻找新的生存空间。如果缺失了这个前提,企业就会转型失败。这也正是很多专业零售商陷入生存困境的原因。

2008年电路城在倒闭声明中无奈地透露出自己受到沃尔玛、百思买等零售企业的巨大冲击,没有了生存之地。事实上,这种困境在很大程度上是电路城自己造成的。在20世纪90年代之前,电路城一直都是美国家电零售的领头羊,从最早的电视机,到80年代IBM开启的个人电脑市场,电路城的销售都有稳定的表现。之后,电路城并不满足于现状,虽然这种成长欲望是好的,但是电路城做了太多新的尝试,像是信用卡业务、DVD租赁、地产业务、买卖二手汽车等,这让电路城有限的力量变得过于分散,最终成了一家大而不强的公司。

要在正面交锋的关键点上胜出

这个时候,狭路相逢,强者胜。

百思买的真正爆发是在20世纪80年代之后,就像是沃尔玛前期有近40年的成长积累一样，百思买在前期也有近20年的成长积累。不过百思买有一个很有意思的转折点。80年代初期，百思买的一家店遭受了一场突如其来的龙卷风，店面受到了很大的破坏，好在产品没有受到太多影响。于是，他们只好把产品拿到场外去低价售卖，结果顾客竟然排起了长龙，好过以往任何的销售。这件事情让创始人舒尔茨触动很深，他深深感受到顾客的重要性和敏感之处，认为再好的货架，最终都必须要触动顾客。

自此之后的1983年，公司正式更名为“百思买”，意思是让顾客买得最好。这时，百思买才开始了真正对标大众顾客的营销战略，其中很重要的方法就是培训一线人员去匹配顾客的需求。百思买针对不同的顾客进行了大量的研究，包括家庭主妇的需求以及如何去引导她们的购买行为，以及对于男士、成功人士、新生代人群等不同的顾客应该如何对待。当这些策略全部内化在一线人员身上，这就形成了真正的顾客导向。

所以，一边是百思买在专注于自己的专业和顾客，一边是电路城在不断地尝试各种多元化业务，结果是小公司百思买越来越强大，大公司电路城越来越衰弱。其中最致命的一点在于，当两者正面交锋之时，百思买是全心全力地去投入，电路城则是三心二意地去完成，两家的未来一目了然。其实两者都付出了很多的金钱，但百思买把很多钱投在了拥有更强的一线人员的店面上，而电路城的店面少了这些关键的增值变动，却把钱花在了信用卡业务、DVD租赁等事业上。

从这个角度来看，商业成败的区分就在于两者正面交锋的关键点上谁下了更多的工夫。沃尔玛作为综合零售商，百思买作为专业零售商，可以在家电零售市场上共生，它们都是在各自的领域做足了功夫。换言之，如果沃尔玛的物流功底和产品服务水平都不够，也没有办法和百思买展开竞争，即便是零售届的巨无霸，也会在专业零售商面前败下阵来。

主战场才是自己的命根

经营企业一定不要抱怨行业。正所谓“三百六十行，行行出状元”，任何行业都没有错。事实上，电路城触碰的这些行业都是好行业。比如信用卡业务在20世纪八九十年代就是通用电气增长最快的业务。而通用电气和电路城做信用卡的最大不同之处在于，通用电气是综合企业化繁为简，在做业务聚焦；电路城则迷失了焦点，让自己从专业变得过于复杂。再比如DVD租赁业务，网飞在20世纪90年代就是靠DVD租赁起家的。如同公司的名字“网飞”一样，这家公司搭载着互联网的快车，从邮递租赁收费发展到在线付费，今天已经飞速成了美国最具影响力的付费视频网站。

从这个角度看，电路城的眼光没有错，选择的路也是好的，但是由于自己的精力不足，最终走向了倒闭。进入21世纪，当电路城真正意识到这些问题时，即便它把信用卡和DVD租赁等业务进行了抛售或是关闭，但因为其自身在家电零售的老本行上已经负债累累，没有太多的战斗力，所以没能经受得住2008年金融风暴的最后一击。曾经的家电零售巨人就这样倒下了。

试水而非跳水

这就是专业零售的活法：要么做最好的自己，让自己成为真正的专业零售企业；要么让自己在保证现有优势的基础上转型，而且还要一步一步地去做，进而让自己成为综合零售。但这当中最大的陷阱在于，有些公司把所有的诱惑都当作属于自己的机会,在不知不觉中跳入了陷阱。

这就不是试水,而是跳水了。试水的真正意思是把一只手放在水里试探温度,如果水很热就马上收手。在试水的过程中,自己的身子和重心都很稳。如果失去重心,那就是跳水了,公司也许会从此坠入深渊,一去不复返。所以即便要下水,企业也要一点点去试探,才能知道水的深浅。

因此,把握好现在的主战场就是最好的机会。尤其是家电这样的庞大市场,它足够容得下沃尔玛、百思买、电路城这样的大企业同台共舞。但是,如果公司不重视主战场,主战场没保住就去进行各种试水,看似是得到了一些新的机会,但实际上却是失去了最大的机会,最后只会得不偿失。

因此,脱离主战场的机会对于企业来说也许就是陷阱,这是任何想要试水的企业都需要警醒之处。

四十不惑,警钟长鸣

恰逢中国改革开放 40 周年,很多中国企业也即将步入不惑之年。值得一提的是,40 岁是企业容易出现转折的时候。一些企业厚积薄发,在 40 岁的时候呈现出爆发式的增长，比如沃尔玛；也有些企业会在40岁的时候做糊涂事，比如电路城。所谓四十不惑，恰恰是要提醒我们，不要犯糊涂。尤其是对于企业和个人来说，到了40岁的时候，可能会由于小有成就就以为自己无所不能，这个时候最容易糊涂。

所以，四十不惑，这个时间点本身就是一个提醒。看看这些世界级企业的经验，中国企业也需要自我唤醒，才能在迈向世界级企业的未来之路上走得更加清醒，以定力砥砺前行，走得更好。

被“误解”的创新

3M是一家以创新闻名的公司，依靠创新驱动，这家公司已经走过100多年。今天人们已经很少提及这家公司的全称——明尼苏达矿业制造公司（Minnesota Mining and Manufacturing），更多提及的是公司的简称3M。因为始终走在创新前沿，3M早已不仅是一家矿产公司的名字，而是几乎成了创新的代名词。

1902 年，位于明尼苏达的 3M 矿产公司成立。20 世纪 10 年代，3M 开始做砂纸；到了 20 年代，3M 开始做胶带，并且发明了世界上第一款遮蔽胶带。这个时期的创新也为 3M 建立了在粘合技术方面的核心能力。随后，3M 产品逐渐渗透到人们生活的方方面面，例如交通、医疗、建筑、办公、家用日常用品等，并且 3M 每年都在持续不断地开发着各种各样的新产品。也许有人不知道 3M，也不知道哪些是 3M 的产品，但其实很多时候他们都直接或间接地与 3M 打交道。科技改善生活，这家公司正是用创新完成了对自己的重新定义。

借助一个当下流行的表达“某某公司你学不会”，将它用在 3M 身上绝不是一句噱头，而是非常贴切地展示了这家公司的功底。其实任何公司都可以被模仿，毕竟“天下无难事，只怕有心人”，只是 3M 确实不太容易被学习。人人都知道创新重要，可是怎么创新呢？如果不能把这个问题的答案挖出来，企业就很难做出创新，这也正是很多创新者深陷窘境的原因。如果实现创新时没有清晰的底层逻辑和扎实的支撑体系，创新就不能被脚踏实地地实施，企业就会落入陷阱。

技术路线背后的战略地图

创新的逻辑基础其实是一种战略思维。让我们来看看 3M 的创新历程，如果把 3M 复杂的业务简化为我们都能听得懂的产品，大家就会恍然大悟。3M 从矿砂做起，之后再做砂纸，接着做了贴纸，这个时期它还是处在工业应用的阶段。在掌握了核心技术之后，3M 便开始往生活应用上走。显然，这是 3M 的技术路线图，更是 3M 的战略地图。3M 的演化正是体现了创新其实是在战略逻辑的基础上跳舞。我们从中可以清楚地看到 3M 首先是有了材料，所以至今 3M 都会说自己是从生产研磨材料起家的。但是，如果我们只是看到它是做矿产起家的，就是没有真正理解。

当然，在创新的战略路径当中，还必须要特别注意当中的灵魂人物——顾客。对于创新来说，顾客是向导，市场是方向。“顾客是向导”意味着创新要看顾客，顾客的难题会成为创新的机会和突破口；“市场是方向”意味着所有的创新最后必须要进入市场，要在市场上获得成功，才能验证创新的有效性。

我们不妨再来分析 3M 发展史上作为创新里程碑的一款胶带。20 世纪 20 年代是美国汽车工业的繁荣时期，福特的黑色 T 型车推动了汽车时代的到来。之后，人们也不再局限于对汽车单一颜色的追求，通用汽车更是以多样化著称。但随之而来的问题是，在给汽车上色的时候不同颜色的漆不容易被分隔，于是 3M 想到了用贴纸的方式保护住另外一面漆，同时在技术上要实现易贴易取、不伤漆面的效果，粘度要恰到好处才可以。3M 发现了顾客的问题，同时也攻克了这项技术难题，所以就有了世界上第一款遮蔽胶带。

与此同时，20 世纪 20 年代末期和 30 年代初期又是非常特别的时期。美国经济进入大萧条，3M 开始正式借助胶带技术进入人们的生活，通过胶带帮助人们密封食品，度过那段拮据的时光。所以在创新路上，顾客是向导，我们一定不能忘记这个最为宝贵的领路人。如果企业发展的路上真的存在贵人，这个贵人一定是顾客。

新产品活力指数

市场是创新必须要进入的领地，如果一项创新不能开辟出新的市场，一项创新产品就不能在市场上占据一席之地，不论如何，都不能被称之为真正的创新。所以，当我们在谈创造力这个词的时候，创新很浪漫；而当我们谈市场这个词的时候，创新又很理性。

于是，3M 创造了一个概念，即新产品的活力指数（New Product Vitality Index）。它的衡量标准是判断每个部门的销售额当中有多少比例来源于近年的新产品。3M 会给出具体的数字标准，如果达不到这个标准，就说明创新不够有效，这已经成为对每个部门的规定。所以在创新上，很多人以为 3M 没有纪律约束，但事实恰恰相反，3M 纪律严明，新产品的活力指数就是一条创新铁律。

当然，今天的顾客变化得越来越快，这也意味着研发的市场检验周期在缩短。所以指数中的数字标准会不断变化，这种由变化提出的要求会越来越高。比如，原来是看最近 5 年开发的新产品，现在可能是看最近 4 年，甚至是在更短的时间内开发的新产品。顾客变化得更快了，这要求创新变现的速度要更快。如果创新不能及时变现，也许就会被顾客彻底打入冷宫，也无法被称之为创新了。

在顾客导向的跑道上渐渐提速

所以，当很多企业的研发部门总是以战略性研发为由解释不能短期呈现业绩时，也许需要重新反思一下，至少要加快周期，因为顾客不会等我们。另外一组 3M 的实际数字就更能说明这种变化：40 年前 3M 要求销售额中有 20％的比例是来自于近 5 年开发的新产品，今天，这个比例已经占到将近 40％。3M 作为在创新路上跑得最快的公司都在提速，何况我们呢？

需要注意的是，加快步伐是可以的，但是不能在提速的方向上出现问题，否则就会误入歧途。必须要沿着顾客导向的战略路径去走，企业才能更为快速地贴近市场。

当然，也不要过度提速，3M 能有这么快的创新步伐，其实也是一步一步走过来的。如果我们每年都去考察新产品的贡献，多年坚持下来，步伐就会一点点变快。所以，创新也要稳扎稳打，基本功扎实了，才能步伐稳健。

从这个角度来看，创新是渐进式的，进入市场也是渐进式的,我们既不能一口吃成个大胖子,也不能一劳永逸。唯有持续创新,一点一点靠近顾客,企业才能有出路。而在这条创新路上,3M 已经坚持走了 100 多年。

活力与年龄无关,和创新有关

另外要注意思考"新产品活力指数"当中"活力"这个词的意思。考察新产品在市场当中的表现可以激发产品的活力,企业只有源源不断地将新产品注入市场,才能生生不息,新产品的活力就代表着企业的生命力。

相反,那些死气沉沉的企业一定是缺乏新鲜血液,缺乏拥有市场活力的新产品。从某种程度上讲,3M 的这个铁律也是在"逼"着自己去做有效的创新。这正是 3M 年过百岁依然保持活力的原因。相比之下,一些年轻企业反而缺乏活力。所以,企业有没有活力和企业年龄并无直接关系,只和自己能否保持创新有关。

可以逆生长,但不能逆生长规律

以上就是创新的战略基础,所以以后当我们再谈创新的时候,第一反应不应该是技术,而是战略。不论是对于企业还是个人，甚至是对于国家，创新首先是一件战略性的大事。

创新必须有正确的战略逻辑做基础。3M作为一个多元化集团，表面上看各项业务“杂乱无章”，但是每一次的创新都有非常强的关联性和协同性。从矿砂，到砂纸，再到贴纸，3M从一家材料公司逐渐变成技术公司，其工业技术开始向生活应用拓展。今天3M这棵“科技改善生活”的大树就是这样长成的。除此之外，在这一过程中，如果没有顾客和市场的滋养，企业的成长就会失去养分，同样没有办法长成参天大树。

整个创新和演变的过程看似无序，其实是有条不紊，当中的战略规律是我们不能违背的。切记，企业可以恢复活力，可以逆生长，但是不可以逆生长规律。就像是3M始终遵从产品对于市场的贡献规律一样，因为这就是生长的规律。

孵化和创新的区别

除了战略基础，创新背后还必须有一个体系来支撑。3M的创新并不是说来就来，而是由组织体系孵化出来的。

今天很多企业或组织作为“孵化器”没有达到成效的原因就在于，他们以为孵化就是在创新，或者说孵化是一种创新。事实上，这是一种非常可怕的误读，创新和孵化是两回事，不在一个维度上，创新不等于孵化。创新就是创新，而孵化则是创新背后的动力或引擎。所以，如果一个孵化器的重点是去讲创新，就偏离了方向。

组织作为孵化器的重点是形成一种有效的机制，然后用这种机制把创新激发出来。从这个角度来说，很多孵化器其实是有名无实的。而 3M 则把自己变成了一种可以孵化创新的组织。

也许是你的激励机制在扼杀创新

激励机制是孵化器的核心部件，决定了孵化器的功能。很多企业在鼓励创新上常犯的错误在于，要么方法单一，要么上升通道狭窄，要么把人逼向“死胡同”。

让我们来看看 3M 是如何做的吧。很多企业在创新激励上都只有年终奖或者物质激励这一种方式，当然物质激励是必不可少的，但这仅仅是一种必要方式而已。它并不充分，甚至算不上是一种核心方式，因为这还仅仅是一种外部激励方式。3M 则用了个人成长的方式来激励创新，一线研发人员借助产品的市场表现，不仅仅可以得到物质绩效的奖励，还可以伴随市场业绩的积累升至产品经理甚至更高的职位。

而 3M 更高明的地方在于，他们知道整个管理岗的上升通道非常狭窄，于是他们就开辟了技术人员的专业上升通道。这样，对于技术人员来说，就有了两条路可走。除了管理岗，另外一条技术通道也会得到更高的重视。

创新文化：让创新者得到足够尊重

当然，一些公司会说自己也有技术通道，但差别在于，在很多情况下那只是一个职级的晋升，很多得到职级晋升的人员除了得到微弱增长的薪资，并无其他，而这样的激励根本不够。所以，实际上很多公司都浪费了技术通道，更准确地说，他们其实并没有一个真正的技术通道。

3M 会把有创新贡献的人当成楷模。在进入公司的名人堂里，不论是技术人员还是市场人员，当他们对创新做出重大贡献时，都会被编入公司的发展史，载入史册，这些创新者才是 3M 故事的主人。比如，20 世纪 20 年代研发胶带的德鲁已经成为3M的英雄人物。这不仅仅可以激发一名创新者的内在动力，故事的流传也让整个组织形成了浓郁的创新氛围，谁能创新，谁就是“老大”。当然，一定是有效的创新。

别让人饿着肚子创新

之所以说很多企业把创新者逼到“死胡同”，是因为他们对于错误的不容忍。尽管我们一再强调创新要有效，但我们必须接受一个现实：创新不见得能一次性成功，也不见得能百分之百有效。因此，实现创新需要包容错误，否则就没有人敢去创新。如果没有容错空间，就不会有创新空间。在这一点上，我们不妨自问：我们的创新者在创新失败之后会不会饿肚子呢？如果会，就说明我们还是没有真正包容创新者。

而3M会一直延续着对新产品的市场跟踪，如果产品在市场中获得了成功，研发人员会得到相应的奖励和晋升；相反，如果没有成功，研发人员也不会被“打入冷宫”。研发人员的工作职位依然保留，这样他们基本的工作保障就有了。创新是一项很伟大的工作，也是一项需要安全保障的工作，如果连这个基本保障都没有，一个人又怎么能安心地创新呢？

与此同时，即便创新没有成功，3M 也不会轻易否定创新，不会用“失败”来下定论，而是始终鼓励研发人员在挫折中寻找新的希望，更通俗地说，致力于“变废为宝”。

在这一点上，一个 3M 包容失败的例子值得我们借鉴。曾有一次，3M 的某种材料在市场上表现不佳，3M 于是把这些材料做成胸罩，但是依然没有获得成功。但是 3M 还是没有放弃，最后把这些材料做成了口罩，通过防尘设计保护工人们在工作环境中的健康。后来这一口罩成了全美劳工的必备用品，大获成功。

让组织成为孕育创新的母体

除了这种宽容的激励机制，3M 灵活的组织形态也在孕育着创新。当中有以下三点：

一是采用团队工作模式。3M 创新的基本单元是产品创新小组，并且会招募市场、财务、制造人员一起工作。注意这里的关键词——招募，而不是安排或者指定，大家都是自愿参与。这既是一种内在驱动的表现，也是一种去官僚化的表现。每个人不是被动接受，而是喜欢这份工作，并且去主动创造。

二是下级选择上级。如果一个研发人员提出的创新不被上级接受，可以主动去问其他部门，只要有部门接受就可以展开创新，如果没有一个部门可以接受，最后这个人还可以去一个专门的创新部门尝试。这在今天看来都是一种非常先进的组织创新模式，但是3M在40年前就已经在运用这种模式了。

三是文档简单。3M坚持精简文档，不需要动辄数百页厚厚的新产品研发提案，只需要文档的思路清晰即可。这些组织特点都让3M成了一个极为灵活的大型组织。一个被世人公认为创新代表的公司，其实需要大量的付出和创造，除了技术创新能力，更要在公司战略和组织上不断创新。很多企业技术很强，但是创新仍然不够，原因也许就在这里。公司只有具备深厚的管理功力才能孕育出创新，并且让创新脚踏实地。

让“大象”舞动起来

提到国际商业机器公司，可能很多人并不熟

悉，但是如果提到这家企业的简称 IBM，大家就都不陌生了。包括 IBM 的蓝色徽标也被不少人熟知和喜欢。IBM 把自己比作蓝色的海洋，无边无际又有深度，因为不凡的成就，IBM 也成了商业世界中当之无愧的蓝色巨人。

IBM 成立于 1911 年，至今已有百年历史。创立之初，这家企业主要从事测量工时和重量等运算工作，但真正让众人熟知的是 IBM 电脑，而让更多中国人知道 IBM 的又是因为它把自己的个人电脑业务卖给了中国的联想集团。

从 100 年的大背景来看，IBM 似乎在不停地变。20 世纪中期，IBM 成了电脑市场上的蓝色巨人，但是到了 20 世纪 90 年代初期，它的年亏损额高达 50 亿美元，大家都以为这头年过 80 的“大象”彻底跳不动了。然而在 IBM 到了 90 多岁的时候，它卸下了自己最成功的个人电脑业务，之后返老还童，变得更有活力了。

IBM 是个非常有意思的企业，它身上有很多企业的影子。事实上，任何一头大象的舞动都必须遵循一定的舞动规律，更准确地说，不能让自己停下来，要保持变化的节奏，这个节奏就是“转型，转型，再转型”。这样，不论自己多“笨重”，都能够持续跳动下去。

最灵活的胖子

动作演员洪金宝被誉为“最灵活的胖子”。曾经有人不理解他怎么可以跳得那么高，他的答案也很简单，就是因为坚持跳。他从小开始每天都坚持跳，并且逐渐把跳的高度抬高，当高度稳定了之后，他还要坚持跳，这样就可以保持灵活。所以，能否跳得高和胖瘦没有太大关系。但是，当中一旦间断，或者不去变化，自己的成绩就会停滞不前，甚至会降下来。久而久之，也就跳不动了。

跳高的生理规律可以形象地说明一个灵活企业的韵律实际上和规模大小无关，只和自己愿不愿意坚持改变有关。对于企业来说，更幸运的是，只要做到坚持改变，就可以活得比其他企业更长。

也许你并不真正理解 IBM 的起点和逻辑

让我们回到 IBM 的百年历程，用管理理论来把握 IBM

的成长节奏。因为管理理论的发展也有百年，与美国很多百年历史的世界级企业的成长节奏基本吻合。如果我们同时把握管理理论和实践的话，就会知道，重大的理论和实践从来没有彼此分离。

IBM 创立于 1911 年，管理理论也正是诞生于这一年，标志事件就是 1911 年泰勒《科学管理原理》的出版。如果懂得科学管理的主要工作是解决生产效率的问题，就会知道当时美国商业社会最需要的是工作时间和物料的精确计算。而这就是 IBM 当时在做的事情。

所以，IBM 和 3M 很像，它们百年来的发展线路都非常清晰。IBM 做计算机，可以追溯到 100 年前，那时候计算的内容就是工作效率，这就是 IBM 的核心能力。再来看看后续的一系列转变：20 世纪中期之后，随着电子技术的发展，IBM 开始从机械计算转向电子计算，也就有了我们熟知的电子计算机，或者称之为商用电脑；到了 20 世纪 80 年代，随着消费市场的不断成熟，IBM 的业务开始从商用电脑转向个人电脑；90 年代后，随着电脑市场的饱和，IBM 从硬件转向了服务；进入 21 世纪，IBM 放弃了个人电脑业务，转向咨询及数据服务等领域。

在这个过程中，其实 IBM 始终都在解决效率的问题。

不同的是，在客户层面，从最初的商用转向个人和商业；在工具层面，从硬件转向了服务领域。

所以，IBM 的确是从做“秤砣”起家的，但是我们不能仅仅把这个当成一个玩笑，而是要认真读懂其背后的本质。从 100 年前的“重量计算”到今天的“云计算”，期间 IBM 经历了无数次的升级迭代，一直在借助计算能力推动着商业效率和时代的进步。

这就是 IBM 的战略，看似扑朔迷离，但是思路非常清晰——围绕着客户工作效率的主线，一点一点地跳跃。并且它的方向清晰，节奏感非常强，最后让 IBM 保有了很大的战略格局。这个格局中又不停地衍生出生长空间。如果战略思维不够清晰，企业要么是跳不动，要么有可能跳入悬崖。而对于 IBM 的成长节奏，只有当我们用百年的视角来看的时候，才能够洞察出其中的韵律。

转型需要人来设计

我们要明确，战略、核心能力和转型都不是自动出现的，必须有人来设计。所以，IBM 百年发展史上也确实有一些关键人物出现，这些人物更准确地说，应该称之为企业的设计师。

IBM 创始人沃森做了三件特别重要的事情。

一是确立正确的战略起点。沃森带领 IBM 顺势而为，迎着 20 世纪初期美国社会的效率革命，开展了相应的计算工作，为 IBM 的组织发展奠定了根基。

二是构建文化。沃森给 IBM 留下了三个必须：必须尊重个人，必须尽可能给予顾客最好的服务，必须追求优异的工作表现。这三个必须成为 IBM 流传至今的行为准则。

三是研发体系的构建。在大萧条时期，当很多人和企业都不知所措的时候，沃森开始招兵买马打造研发重点实验室，开发新产品为未来做准备。如果我们仔细观察 IBM 的转型过程，会发现当中一直有这个动作的影子。这也让创新成为流淌在 IBM 百年血脉当中的基因。

此外，沃森的儿子小沃森也非常出色，在 20 世纪中期他及时把 IBM 从机械计算机带入电子计算机领域，奠定了 IBM 在电脑领域中“蓝色巨人”的地位。父子两人联手打造了“蓝色巨人”。从 20 世纪 70 年代开始，IBM 进入了职业经理人时代，沿着沃森父子俩铺好的路子，IBM 很快迎来了最黄金的时期。20 世纪 80 年代，IBM 用最快的速度攻占了美国个人电脑市场。1981 年到 1984 年，IBM 的年销售额从

290 亿美元增长到 460 亿美元，年利润从 33 亿美元增长到 66 亿美元，并且占据市场的半壁江山[①]。

经过一位又一位职业经理人的时代，IBM 迎来过业绩的巅峰，也跌入过业绩的低谷。不过，低谷之后，IBM 又重新舞动起来了。

一旦松懈就不能舞动

在 IBM 的巅峰时期，年销售额的极速增长是一个好的信号，也是一个不好的信号。过半的市场份额意味着它已经逐渐靠近个人电脑市场的天花板。此外，还有另外一个重要的外部细节是，1984 年 1 月 24 日，苹果发布了第一台 Mac 电脑。苹果在发布电脑时借助了美国最火爆的“超级碗”做广告首发，广告名字就叫作“1984”。这部广告在西方文化中仿佛一部颠覆统治阶级的小说，而广告的内容正是一个充满活力的年轻人拿着大锤去重击旧势力。显然，苹果公司就是冲着“老大哥”IBM 来的。

当然，这个时期的苹果电脑公司并没有得逞。但这也不代表 IBM 变得越来越强，更确切地说，其实是因为那个时

① www.encyclopedia.com

候的苹果电脑公司还太年轻，自身的力量还不够。

事实上，恰恰是在这个阶段，IBM 这头老年大象已经有些“偷懒”，不再像以往那样拥有革新精神，还是选择沿着原来的老路走。甚至在成为个人电脑“王者”后的几年中，IBM 已经奉行官僚主义，机构臃肿。这个时候，IBM 自己都不再有效率，怎么去帮助顾客提升效率呢？直到 1992 年 IBM 业绩跌入谷底，亏损 50 亿美元，IBM 才被自己打醒。可以说，这头老年大象的“反射弧”长了一些，在 10 年之后才被真正唤醒。这时，IBM 迎来了历史上第一位外聘的经理人郭士纳。

一定要有人做重大转型

因为重新让 IBM 这头大象舞动起来，郭士纳成了几乎与沃森父子齐名的人物。当然，名气是次要的，更重要的是郭士纳对 IBM 做出了和沃森父子一样的创业贡献，更准确地说是再次创业。他带领着 IBM 从硬件转向服务，从进入 21 世纪开始为 IBM 奠定了至今的长远的战略发展方向。同时，他也非常务实，一边调整这个战略方向，一边去做 IBM 的当期业绩。

1992年IBM亏损50亿美元,郭士纳上任两年后,公司开始扭亏为盈,1994年IBM盈利30亿美元。能够做到这些,郭士纳的核心原则是从现实出发。因为是外部经理人,他告诉自己前90天不要下决策。但为了保证业绩,他也做出了两项铁腕决策:一是裁员和出售效率不足的资产,二是用实际行动来拥抱顾客。他要求50位高层管理人员中的每一位都必须亲自去拜访公司的大客户,并且每个人每3个月都要拜访5家最大客户当中的一家,这种顾客导向的行动力一直延伸至各级管理者,他们都要面向顾客创造价值。坚决以客户为中心成为经理人的必要条件,集成产品开发正是顾客导向诞生出来的一个有代表性的方法。

1998年,华为开始向IBM学习转型。同时,华为也成了IBM的服务对象。IBM的顾问团队帮助华为用集成产品开发解决了顾客导向的问题,这个方式后来演化为华为的矩阵结构。所以,在华为组织效率的背后,IBM是一个重要的推手。同时,华为也帮了IBM的大忙,因为华为成了IBM的重要客户,也是IBM最早成功服务的对象之一。

战略举措收入

2001 年，在郭士纳卸任首席执行官之前，IBM 的年销售额达到了 884 亿美元，年盈利高达 77 亿美元。沿着郭士纳铺好的新的服务方向，后续的彭明盛和罗睿兰也持续推动着 IBM 有条不紊地前行，包括收购普华永道管理咨询和技术服务业务、出售个人电脑业务、迈向大数据和云计算领域。值得一提的是，沃森和郭士纳在 IBM 身上留下了一个共同印记，即对新产品的重视。所以，如同 3M 的“新产品活力指数”，IBM 也创造出了一个概念，即“战略举措收入”。

在同样的一组收入和利润数字中，它的构成结构却发生了变化，IBM 的战略举措收入逐渐成为其中的“大头”。彭明盛时期 IBM 的软件利润已经达到了硬件利润的两倍；2015 年，IBM 的收入为 818 亿美元，看似没有多大变动，但是云计算、数据分析等战略举措收入已经达到了 290 亿美元。虽然这头大象体重没变，但是体型却更加健美了，这还意味着大象是在跳舞而不是在沉睡，并且跳向了未来。大象舞动的秘诀就在于——“转型，转型，再转型”。让我们做一头聪明和勤奋的大象吧！

chapter 4

最好的激励，就是给他最想要的

人的需要和欲望是无止境的。有的需要是合理的，而有的则是不合理的。举个极端的例子，也许有人希望自己不用工作，就能衣食无忧。且不说这样的想法是否实际，换个角度来看，如果一个人衣食无忧却无事可做，或许是很悲哀的事情。所以，工作是人的必须，只有付出能够创造有价值的劳动，才能显现出一个人的存在价值。有时我们需要自我引导甚至被引导，才能让自己步入正轨，而不是误入歧途。

此外，有的需要是可以即刻被满足的，有的需要是无法被立刻满足的。个体的需要应该被一步步挖掘和引导出来，并且一步步地去被满足和实现。从自我约束到价值创造，两者逐级递增同时又缺一不可。这样，我们才能得到最想要的。

人人都想当老板

20 世纪 80 年代，张瑞敏接手海尔时，公司乱得一塌糊涂，很多管理者来了都招架不住。张瑞敏来了就明文规定不准随地大小便，并且果断去砸有质量问题的冰箱。自此，他带领海尔做出了有口皆碑的好冰箱，也逐渐打响了海尔的品牌。在 20 世纪 90 年代，海尔又以品质过硬、适合美国年轻人生活方式的小冰箱出海，取得了不俗的海外成绩。2000 年后，海尔率先成长为中国最早的年销售额突破千亿元的家电企业之一。

20 年的时间里，张瑞敏率领海尔起死回生，并且成为行业领袖。很多人提到海尔就会想到张瑞敏，吴天明导演的电影《首席执行官》也是以张瑞敏为蓝本。不过相应地，外界也有一部分质疑和担忧的声音：海尔在成为一家超大企业之后，是否会因为个人英雄色彩过重而限制其更长远的发展呢？如果这个问题连外界都能意识到，领导者们恐怕也心知肚明。

所以，到了21世纪10年代，海尔出现了另外一个现象：人人都是首席执行官。通过自主经营体和人单合一的设计，让每一个人和顾客的价值创造连接在一起。人人都创造顾客，这样人人都是老板了。每个人也都在海尔内部进行创业，这样的设计打消了人们的顾虑。此外，在业绩上海尔继续保持稳健增长，从1000亿跨入2000亿，在家电行业续写着自己的传奇。人人都创造顾客，但是人人又都在海尔体系当中，从而让海尔成了一个可以创造顾客的组织。

张瑞敏是个优秀的首席执行官，因为他在每个阶段都做了合适的事情，所以让海尔取得了业绩。相反，如果张瑞敏一上来就给每个个体充分的自主权，任由大家无视纪律，那他也一定招架不住这个企业。他选择在创业阶段，先把好的产品做出来，真正到了大企业的阶段，再去设计个体的自主经营，以此来保证成长的持续性。

在这个过程当中，张瑞敏确实找到了适应企业和中国人成长的节奏。而一个好的管理者，必须能够把握人的成长节奏。

把握人的成长节奏

20 世纪 80 年代初期，很多企业都跟海尔一样拿不出像样的产品，人员的整体素质水平也都不够高。因为在改革开放之前的一段时间，国内的环境相对封闭，大多数人能够接触到的高品质的产品和服务都有限。事实上，很多人并不知道真正好的产品和服务是什么样的，这种视野上的局限导致很多人在自身行为上并没有太高的品质意识。张瑞敏实际上是在引导着人们的成长习惯，所以他带动的不仅仅是海尔，而是整个行业和中国企业的风气。

当然，这一切都是在改革开放的春风之下行进的。30 年过后，国家开始倡导“大众创新，万众创业”的国家战略。一方面，我们有了一定的经济基础和人员文化素质基础；另一方面，创新创业成为面向未来发展的新动力。这既是民意的一种反映，同时又是对民意的一种引导。再看看海尔“人人都是首席执行官”的设计，恰恰贴合了如今大众创业的浪潮，人人都想当老板的思潮。

企业需要首席执行官

但是别忘了非常关键的一点，张瑞敏依然是首席执行官。一边是“人人都是 CEO”，另一边是“张首席”，这两端缺一不可。这就是一个比较典型的把握好集权与分权的代表。企业需要一个拥有权威的大家长，这个人要值得被大家敬重才容易统一大家的共识和行动。有人说要淡化首席执行官的影响力，这在国外或许行得通，但是对于中国企业而言，这个部分不能弱化。只是我们需要做出更好的平衡，还要在另外一端去满足每个人自主的意愿，两者缺一不可。

当然，在“张首席”之后，海尔迟早会出现新一轮的继任者。领导者的权威是要用业绩来证明的，就像张瑞敏最早树立自己的威信一样，拿出业绩，让人们过上更好的生活，权威自然就有了。

要相信江山代有人才出，符合组织成长逻辑的企业，将会代代卓越。

老板需要自我约束和价值创造

人人都想当老板，人人也的确都可以当老板。但是，不见得每个人当老板都能卓有成效。我们需要接受的现实是，太多老板做得并不成功。如果员工想当老板，仅仅是为了更大的自由空间；如果老板想当更大的老板是为了拥有更多的名利，结果都很可能会适得其反。因为这违背了“老板”这个称谓的本质。

事实上，所谓的自由和名利，也许真正的老板都没有，至少不会拥有太多。对于一个老板来说，相比之下，约束要比自由多，为外部创造的价值也要远远比个人的名利更多。只有具备这两个条件，老板才是成功的。

海尔在30多年的成长历程中，一直在历练员工向更具价值的方向成长。1984年，从张瑞敏踏入海尔的那一刻起，他就在用制度来雕塑一个人的自我约束习惯，这是企业和个人成长的基础。一个优秀的企业家除了应该知道员工最想要的，更应该知道员工的特质，在此基础上不断去帮助和引导员工成为他们想要的样子。如果一个人还没有自我约束的定力，那么当他被委以重任时，要么是自身被重任压垮，要么是重任被无拘无束的习惯所破坏，最终人和企业都无法成长。我们要知道，有些时候正是制度的存在，才使我们不至于犯错，而习惯的养成也让我们懂得了如何规范自己去做对的事情。

因此，制度和规矩是一个人成长伊始最好的陪伴。约束永远不是目的，而是为了更好的价值创造。所以，海尔从制度起步，不断发展到人单合一，让所有人都有机会去创造顾客，这就是给所有人当首席执行官的机会。当然，首席执行官本身依然是一份责任，不只是一个职位。这份责任意味着自我约束和价值创造，不论是首席执行官还是普通员工，只有从责任的角度出发，他才可以变得有价值。

做一个好工匠

德胜洋楼是苏州一家生产美式洋房的企业，这家企业的工人多数是农民工，但是他们生产出来的产品却能远远超出美式洋房的标准。过硬的产品品质让企业得以立足。此外，当德胜洋楼的工人们去酒店参加活动时，他们给周围人都留下了非常好的印象。这些人虽然是体力劳动者，但却打破了很多人对这一职业人员的刻板印象，让人刮目相看，吸引很多企业也前来学习。

德胜洋楼的工人素质得以提升，《德胜员工

守则》功不可没。公司守则就是公司的价值观。当大家不断去学习公司的每一条规矩，表面上学习的是规矩，实质上学的却是公司的价值观。有了规矩，就有了底线。除了诚信，勤劳也是这家企业特别倡导的价值观，新员工到公司后要先劳动，比如打扫洋房、割草种花之类的“吃苦工程”。每一个工人通过诚信和勤劳贡献出了超高品质的产品，这让他们赢得了行业和众人的赞美。当然，公司的一些幸福政策也被传为佳话，如上班不打卡、报销不用领导签字、21天年假等。

对于我们每个人来说，在做老板之前，学会先做一个好工匠是最重要的。当大家都去讲创新创业精神的时候，请别忘了工匠精神。否则，企业活不了，创业不会成功。在这一点上，德胜洋楼有着重要的示范意义。作为一个人口大国，如果大家都可以表现出工匠精神，我们会富有极强的竞争力。

造物先造人

德胜洋楼高品质的建筑背后是诚信勤劳的价值观。所以,产品是实体,价值观才是内核。因此,企业不是为了立规矩而去立规矩,而是应该在规矩中融入公司的价值观。否则,规矩就会失去灵魂,甚至流于形式。此外,也不需要去模仿其他企业的规矩,企业得先知道自己最重要的价值观念是什么,然后才据此立出规矩。

事实上,诚信勤劳不仅是中华民族的优良传统,更是劳动人民身上被人尊敬的标签。只是聪明的企业知道要唤醒大家的潜意识,所以一方面企业会通过规矩把大家在潜意识中的积极观念呈现出来;另一方面,企业通过对劳动者的尊重把这种显现出来的意识转化为行动。

造人先造契约

德胜洋楼的一系列幸福政策也的确能够“收买人心”,这些政策实际上是对诚信勤劳的劳动人民的回报。人得讲诚信,才能不用打卡考勤,才能不用报销签字;人得勤劳,才能结余出自己的长假。其实,这些回报都是由自己的努力创造的。因为自己的勤奋，让公司省心，让自己办事也容易，还能为自己赢得属于自己的美好时光。因此，公司和员工将心比心，相互尊重和付出，才能维系好幸福的园地。从本质上讲，德胜洋楼不仅会建造洋楼，更会缔造契约精神，而一个有效的契约一定是建立在彼此理解和互惠的基础上的。

很多人都以为是德胜洋楼帮助农民工做出了改造和提升，这当然是事实，不过这只说对了一半，更重要的一半在于，农民工带给德胜洋楼的真实改变。这种改变还不仅仅是生产出了好产品，更是营造出了一种氛围。这些勤劳质朴的农民工会影响公司所有的新老员工，带给这些人勤劳的芳香，甚至这种芳香会感染同行和更多企业。从这个角度来看，契约又不只是一张劳动合同，而是双方的相互加持。契约不只是写在纸上的内容，还必须成为真实的行动。

所以我们的美好生活都是出自每个人勤劳的双手，没有什么神奇的捷径可走。用双手把爱心转化成为行动，这就是通往美好生活的路。根据德胜洋楼的经验，作为劳动人民，我们只需要激活自己内在的美好意识，努力去劳动，就能换来属于自己的尊严。

正如孔子所言："有教无类。"任何人都是可以训练有素的，但是不要忘了前面的两个字：训练。我们得去学习、去接受教育、去改造自己、去尊重契约、去落实行动，才能拥有优秀的素质。

尊重工匠

每当回首改革开放 40 年间中国企业所取得的成就时，人们通常会把目光放在企业家身上。企业家固然是社会创新当中最具活力的元素，但这个时代需要的不仅仅是企业家，也不仅仅是科学家和各行各业的领军人物，更需要的是平凡的工匠。

企业家再成功都不能忘了自己本身也是个工匠，应该深耕于自己的领域。而那些在岗位上默默无闻、勤勤恳恳的劳动者们，也需要被发现、肯定和奖励。如此，才能影响企业文化的风向。

企业家不仅要有发现创新机遇的慧眼，懂得如何创造顾客价值，还要学会激发员工的工作热情。真正拥有创新精神和先锋意识的企业家都是从自己做起，让自己成为劳动模范，同时不断发现和肯定身边的劳动模范，让更多人塌下心来践行工匠精神。这样调控好企业文化的风向，企业的下一个40年才会走得更稳、更好。

干多干少不一样

有一家企业非常关心员工，于是在年底的时候拿出了很多的奖金发放给大家。本以为这样做会大幅提升员工的工作积极性，可是几年下来，发现大家的积极性并没有什么改观。一方面，企业在奖金上投入了很大的比例；另一方面，由于大家的积极性并不高，导致企业的绩效并没有大的改善，使得企业有些入不敷出。

后来，这家企业找到了原因。原来病症在于，过去企业虽然每年都给大家发放大量的奖金，但是每个人都有奖金，并且得到的奖金数额一样。于是这家企业开始进行区分对待，在奖金上分高低，使得只有很少一部分人可以拿到最高的奖金。为了进一步表彰这位拿到最高奖励的人，在公司年会上这个人还会被请上领奖台，可以让全公司的人都见证他的荣耀。

按理说，接下来应该会好很多了。可事实是，公司绩效确实比以往有所改善，但是并不显著，而且出现了新的问题：由于奖励实在太过耀眼，所有人的目光都投放在了那份高额奖励上。一部分人认为拿到高额奖金的人应该回报大家，比如请大家吃大餐，甚至提出要请大家去旅游的过分要求；另一部分人则完全不服气，认为那个人是运气好才拿到的大奖，抱怨组织不公正。结果大家都不开心，自然也不会表现出很高的工作积极性。

再后来，这家企业才找到了问题的根源。其实原先企业把大家误导了，过度将大家的焦点吸引到了奖金的报酬上，于是才有了各种“争风吃醋”和心理不平衡的现象。这时，老板恍然大悟，最重要的不是彰显别人的结果，而是要让大家看到这个人在结果背后所付出的汗水。

于是，在新一年的年会上，拿到最高奖励的员工还是被请上了台。但是，公司不再强调这个人赢得了多少回报，而是在颁奖的时候播放了一段视频，视频记载了这个人一年下来的点点滴滴，从月度、季度，到年度的持续付出，所有人都看到了这个人默默的辛勤付出和为公司做出的成绩。视频播完，台下响起一片祝福的掌声。大家都心服口服，也清楚了公司想要什么样的人，于是在这个新年即将来临的时候暗下决心：明年自己也要成为这个样子。于是每个人都有了全新的规划。

这次的年会给人留下的印象不再是吃吃喝喝，也不再是羡慕和嫉妒，而是对自己的唤醒。

新的一年，这家企业表现出了异常的活力。

这个案例虽然没有企业的名字，但一定是发生在万千企业当中的真实故事。案例讲述的是一个企业在激励员工上从不成熟逐渐走向成熟的过程，当中出现了一系列问题，这些问题都是企业在进行有效的激励设计时必须逐一解决的问题。

报酬不一样

第一个基本问题是，大家的报酬是不一样的。如果一条激励措施的报酬是平等对待，这个措施就会失效。

举个很简单的例子，很多企业为了鼓励大家推荐人才给公司，往往会设计一个“伯乐奖”。这个奖基本是这样被表述的：推荐一个人给多少奖励。但这个设计的结果很多时候并不理想，大家的积极性也不高，使得被推荐进入公司的员工水平都一般。因为无论推荐什么样的人都是一样的奖励，那么为什么要费大精力去请那些难请的、高水平的人呢？

所以一定要做出区分。比如区分出一类人才和二类人才，或者是急需人才和常规人才，推荐不同的人才给予不同的奖励，尤其在公司特别想要某类人才和急需人才的时候，一定要做出这个区分，并且给予一个能够配得上伯乐付出的回报，这样才能激励大家去寻找和推荐人才。

在意付出

第二个基本问题是，如何让大家的付出清晰化。

用一个简单的例子来说，现在多数企业都有导师制，并且设计导师奖来鼓励大家做导师，企业也通常会给予比较高的奖金诱惑。这样可能招致的结果是，所有人都蜂拥而至，争先恐后地来当导师。反而给 HR 主管或者各个部门主管造成了麻烦。原因在于，这个设计只是体现了回报，没有让大家看到清晰的付出。当付出的要求没有被清晰呈现出来的时候，就会给大家一种误导——谁都可以胜任。

所以企业必须要亮出标准，让大家看到需要付出什么。设立标准，用绩效去量化付出，比如导师需要符合的专业水平或者业绩标准是什么，需要把一个新人培养到什么样的专业水平或业绩标准。有了这样的标准，才能让绝大多数人去准确地衡量自己。

当然，导师奖的回报也可以做出区分，比如导师、优秀导师、杰出导师，甚至名人堂，每种奖励对应不同的标准。这样的好处是不仅仅可以激励大家做出有效的选择，还可以让大家看到一个好导师是什么样子的，大家会知道怎样去做才能变成一位称职的导师。

以标准作为明灯

这就是标准的导向作用，标准并不仅仅是做评价用的，还是引导人们付出行动的明灯。当然，标准不要给太多，否则不仅会消耗制定标准的人的工作精力，还会分散大家的注意力。迷茫不只会出现在黑暗当中，光明中如果没有亮点，同样会让人不知去向。关掉几盏不必要的灯，反而能明确方向。所以，抓住关键标准，简明有力，才能照亮人心。

同理，年终奖和薪资体系也是如此，评级和标准要清晰。如果按照这样的标准来说，很多企业的职级晋升其实并没有标准，比如说有20个等级和5个大类，那么每一类的标准是什么，员工可以通过什么样的技术水准和销售数字晋级为技术专家或者销售大师？公司里每一年都会有很多人想要成为某一类职级人员，但是如果公司没有明确标准，他们在付出上就是迷茫的。

另外，标准需要跟随大家整体水平的提升不断升级，就像竞技项目一样。大家的水平会越来越高，以前难度系数为9算是大师，现在难度系数为9或许只能是入门级。所以，标准要与时俱进。有标准会让想进步的人看得清楚方向，甚至会让没有意识去进步的人想要进步，并且通过标准的不断更新换代，可以提升人们的眼界。

工资也能激励人

工资本身也是可以激励人的。一方面，工资与职级挂钩；另一方面，事实上很多企业的年终奖是以工资为基础再乘以系数。所以，只要把职级的付出清晰化，让员工的付出成为工资和奖金差异背后的原因，工资就能激励人。如果我们不懂得这一点，工资对人的激励效果就会大大降低，甚至没有。

总之，公司一方面要区分回报，另外一方面要呈现付出，要将二者合一，不能干多干少一个样。并且，重点要让大家看到自己付出了多少。毕竟，激励机制就是鼓励人多付出。对于付出多的人，回报多只是自然的结果。并且公司要让大家明确自己一定是付出的受益者，为了自己受益，必须做出付出。

chapter 5
领导者的新衣

领导者作为企业当中责任负重最重的一个角色，恰恰最应该保持简单和专注。丢下无用的负担，领导者会跑得更快。有些时候领导者可以选择让身边更多的人一起担负重任，但是我们要懂得和身边的人彼此理解和付出，并且不能操之过急要逐步来。经理人员一定要没有任何理由地通过用绩效获得成长，而人事主管也要想办法帮助更多成员回到绩效的角度来发挥一个人真正的价值，让人因绩效而成长。因为一个人在工作中成长的确没有别的路径可走。

做简单的创业者

福特汽车公司是使得汽车时代取代马车时代的重要推动者。为了把汽车做好，同时又做得便宜，创始人亨利·福特想了一个办法：一切保持简单。在产品上，就做一款产品，而且只有一个颜色，从而诞生了 1908 年的黑色 T 型车；在人员工作上，工作人员就是做好自己分内的工作。流水线的设计将每个人的工作清晰化，同时又避免了工作中的浪费，提升了生产效率。作为老板，福特也没有过于贪心，而把利润多分给了公司的成员。

因为效率的提升，也因为老板愿意分利，1914 年公司员工的日工资达到了 5 美元，远远高过同行，工作时间也从每天 9 小时降到 8 小时。从 1910 年到 1920 年，10 年之间，福特公司把汽车价格从 1000 美元降到 400 美元，比马车还便宜，年销量则从 2 万辆增长至 125 万辆。而从 1908 年到

1927 年,近 20 年的时间里,T 型车累计销售达 1500 万辆,标志着汽车时代的到来。

别给自己制造麻烦

创业阶段,说难也难,说简单也简单。难在每个创业者都心怀梦想。如果创业者把目标想得太复杂,反而为自己制造了麻烦,因为自己根本顾不过来,这样就会距离梦想越来越远。亨利·福特之所以是个成功的创业者,是因为他虽然梦想远大,想要创造汽车时代,但他的想法和做法又非常简单直接,简单到让自己可以聚焦,直接到让自己可以执行。

就像是亨利·福特一样,创业者不需要太多人手,只需要做到四件事情。

一是简单的产品。不要做多个产品,而是只聚焦于一个产品,但是这个产品必须要有绝对竞争力。

二是生产效率。要避免工作流程中的浪费,提高效率。

三是个人主义。将工作内容变得清晰化,先让每个人都专注自己的工作,把自己的事情做好。创业阶段公司的人手不多,甚至都没有大的团队,所以大谈团队精神反而让大家不能专注自己的工作。老板也是一样,可以相对集权一些,让大家做好分工,各干各的就好。

四是简单的激励方式。激励手段不宜过于复杂,其实采用物质手段进行激励即可。

当然,多元化战略、系统效能、团队精神、精神激励这些都很重要,但是作为一个创业者来说,如果把这些都纳入来详细考虑,可能就会想得过多。所以创业者应该先做好上面四件简单的事情。

总之,创业者要保持简单地专注。

永远保持简单

当然,创业者也许会有这样的疑问:如果有一天自己过了创业阶段,企业是不是就可以变得复杂了?答案依然是保持简单。这种简单并不是说结构本身的简单。企业的结构要伴随企业的战略和成长一点点调整和优化,但是这个结构依然不能大过公司的战略。否则,只是让企业变复杂了,管理的效率也就随之下降了。

举个例子,如果今年我们用了 10 个人就达成了 1000 万的战略目标,可是明年如果我们达成 1000 万的业绩还是用10个人，那就是我们变得复杂了。如果明年用10个人实现了1000万以上的业绩，或者只用了不到10个人就实现了1000万的业绩，这就是保持简单。之所以这样讲，是因为尽管今天越来越多的企业登上了“世界500强”的榜单，但这依靠的可能仍是我们庞大的人口优势，而不是真正保持简单的效率优势。而只有效率优势才能使我们在未来真正爆发出巨大潜能。所以，我们需要一场真正懂得保持简单的效率革命，让人的价值得到更大的释放。读懂简单，你将在未来大有可为。

如果我们可以一门心思地把努力放在钻研顾客价值和产品上，我们的生产或供应就会变得很有效率；如果我们可以培养出更多人用业绩取得增长，我们就会拥有组织的效率；如果我们可以安下心来工作而不被外界繁华的世界所干扰，我们每一个人都会取得更高的工作和学习效率。这就是保持简单的效率革命。对于企业和工作中的个体来说，没有比这更好的选择。

基业长青，始于产品

不论如何，100年后的今天，我们依然记得亨利·福特及他所做的事——让汽车这件产品走进千家万户。从这个角度来说，创业者创立企业，要格外在意一件事情，那就是专注于把产品做好。唯有产品才可以让创业者有机会向外界展示自己的价值，也唯有产品可以让企业获得继续往下走的利润。因此，创业者需要专注于产品，并且专注于一个产品，只有足够专注才有可能深度挖掘出产品对于外部顾客的价值，才有可能创造出维持自己运营的利润空间。否则，产品平平，企业一定平平，甚至无法立足。

可是在产品上，今天很多创业者却犯了复杂的大忌。一方面，很多企业不专注于某个产品。而多元产品的复杂性很可能会远超企业的驾驭能力，管理者以为遍地是机会，但如果没有能力把握好机会，实际上遍地都是雷区。另一方面，太多企业将精力用在了内部损耗上，领导者和员工往往忙于内部的会议，忙于内部团队的构建，忽略了顾客价值这最值得关注的地方。只有让产品与外部顾客的价值合一，随后再用内部最简单的损耗把这份价值用产品的形式表现出来，企业才能存活下来。其实，在很多企业向往自己能走的百年之路上，企业都应该这样“简单”地活。

老板的豁达之心

从一个普通的企业起步，福特汽车发展成了手握六成以上市场份额的庞大企业，在整个20世纪10年代的美国汽车行业所向披靡。许多曾败给了福特汽车的汽车企业认为既然单挑不行，那就抱团取暖，集合成了另外一家公司，即通用汽车公司。随后，好戏上演。在整个20世纪20年代，两家公司平起平坐，而到了20世纪30年代，通用汽车完成了大逆转，所占据的市场份额是福特汽车公司的两倍，于是福特汽车公司败下阵来。

20世纪20年代，通用汽车的掌门人斯隆手握大权。因为通用汽车是由很多小企业集合在一起的，所以它此时已经是个不小的企业了。但是斯隆并没有表现出太大的权力欲望，反而是做了分权，为每个小企业设计了事业部的角色，让他们独立去发展。比如雪弗兰、别克、凯迪拉克等，各个事业部各自开创自己的事业。之后，这些小的事业部逐渐都成长起来，这个时候一个真正的大组织就开始出现了。

而同时期的福特公司却陷入了混乱，虽然已经是一家大企业,但是亨利·福特还是用他老一套的模式:他会秘密监控身边的每一位管理者,谁都别想逃出自己的掌控。他不愿意给身边的人头衔,认为头衔会阻碍工作。他只提倡做好自己的工作,不去谈彼此之间的关系。结果是身边的人一个个离他而去,最后,公司空有很高的生产效率,但是没有管理者了,这个时候公司就开始走下坡路了。而斯隆的做法完全相反,在从20世纪20年代末期开始的大萧条时期中,他个人出资把管理者们组织在一起"静修",让大家彼此支持,一起来思考如何共度难关。

老板大气,企业才可持续

20世纪20年代的通用汽车和福特汽车,一个管理有方,一个管理无方,这种管理上的巨大差别,造成了企业绩效的天壤之别。管理能够带来绩效,正是从这组案例对比得来。这里的管理讲的是组织管理,不是生产管理。

因此,企业要长成参天大树,核心点在于依靠组织。依靠一个产品不够,依靠个人的工作也不够,得依靠组织整体的力量。大企业需要依靠多个业务单元,需要依靠一批管理者,并且,这些单元和人得齐心协力。这里的前提是,老板得愿意分权，老板得有心组织大家才行。

还有一个不能被忽略的细节是“内部创业”，大企业要学会这一点。设立事业部的好处就是让每个个体去干一番事业，对于高层管理者来说，这在某种程度上比给钱还管用。相比之下，亨利·福特虽然在钱上并不吝啬，他给工人很高的工资，但特别吝啬“名分”，结果是他的基层很稳，但是管理层却断裂了，导致企业招架不住。

因此，对所有企业，尤其是对大企业来说，务必要清楚，人都有对名利的需求，只分钱还不够。对基层来说，填饱肚子最重要，所以必须要分利。但是对高层要满足更多名分的需要，这样他们才有更大的干劲。

总之，作为老板，名利都是身外之物，得把名和利给到真正需要的人，这样才有人愿意跟自己一起打拼天下，愿意把名利分出去的老板才能拥有更大的江山。老板必须要阔气一些，培养出有名有利的人，才能双赢。这种阔气不是一种浪费，实际上是一种豁达和开明。但是切记，别提早阔气。得先把创业阶段的事做好，发家致富得先专注，财大气粗后再阔气。

在创业者和企业度过了初始的创业阶段之后，企业终于可以活下来，老板也有名有利了。但如果要迈向更远大的企业成长阶段，老板就得把个人名利逐渐放下来。当然，后来亨利·福特的孙子醒悟了过来，重新让公司恢复了活力。

老板最大的成就是培养人

事实上，亨利·福特的故事并不是个案，而是代表了相当一部分企业家的做法。可是企业家怎么会连这个道理都想不通呢？

一部分原因在于一个人的成就惯性。当一个人到了自己追求个人成就的跑道之上，他就越来越停不下来。另一部分原因是领导者始终都是自己一个人冲在前面，而员工只是跟在后面跑，并没有真正成长起来。这个时候，一旦冲在最前面的人倒下了，而后面的人又尚未成长起来，企业的成长就会遇到挑战。这是很多企业都遇到的窘境。

但是，我们能不能站在企业家的角度也为企业家评评理，企业家是否也有自己的苦衷？企业家身边的人是否真的在拼尽全力并且让企业家感到可信？企业家用尽毕生精力创造的事业会轻而易举地交给别人吗？排除情感的因素，也要掂量掂量，风险到底有多大？一个真正负责任的企业家保的永远是企业的命。

从这个角度来说，企业要长久，真的不是靠任何个人，哪怕是传给了一代人，这代人也要成功传承下去才能代代卓越。而但凡可以让企业的成长超脱于个人局限的企业，一定是有企业家和身边的人紧密合作，互相排忧解难，同舟共济。所以，对于事业部分权的前提，我们看得到的一面是战略和老板的豁达。而我们没有看到的另外一面，一定是经理人的努力成长和用绩效贡献表达的忠诚。如果缺失了这样的“无形资产”，老板是不太可能轻易地把权放出去的。否则，这样的老板就不是豁达，而是鲁莽了。

当一个不断奋进的老板真的感到了自己的“边际效用”开始下降的时候，也就是他达到个人巅峰，开始感觉有些力不从心的时候。尽管个人的总成就依然在累积上升，机会也在不断增多，但是这个时候就有必要一点点开始培养身边的人了。从小事和小的价值创造开始，如果身边的人可以一点点地把自己下降的效用补回来，或者身边的人开始一点点成长时，企业就可持续了。因为价值创造一直在延续，而累计的价值更是不断攀登新高。当然，这也同样意味着管理者不宜过早分权，要先让自己尽可能拥有成就，包括责任、机会、技能、权力和财富，要让自己的效用先达到一定的程度才有东西可分。但是，如果迟迟不分，自己一个人也会兜不住企业的成长。

当然，在实际操作时，也应该一点点地、小心地放权，因为权力越大越难把持定力，要注意不要让身边的人膨胀，这样才能让人逐渐良性成长起来。同样，作为老板，你不能急于求成，也不要让自己身边的人急于求成。当然，这绝不是不培养人的理由。你一定要去培养身边的人，只是过程中要倍加小心。欲速则不达。企业传承，是靠一代一代人慢慢成长，上一代人把下一代人慢慢培养起来的，这是不可违背的规律。

如果意识到这些，老板应该更豁达，员工也应该更忠诚和上进。

事实上，培养人将使你获得更大的成就。培养人也可以打破经济学中边际效用下降的魔咒。经过对一代代人的培养，你的价值将会越来越大，并呈指数级增长。因为在整个过程当中，管理者可以一直借助个体的成长不断创造新的价值，而不是消耗管理者个人有限的能力。学校这个组织和教师这个职业可以流传千古，正是因为师者的无私和学生的求学。对于想要基业长青的企业来说，这是需要铭记于心的宝贵道理。

人事主管的价值

阿里巴巴集团的副总裁彭蕾有一个特别的尊称——“女版马云”。她在很长一段时间里负责阿里巴巴集团的人力资源管理工作，其中最突出的贡献莫过于对“阿里政委”的打造。

从阿里巴巴最早开始的“整风运动”就可以看出，马云很喜欢学习军队的党风建设，因为那是中国军队战斗力的一个重要基础。在这个背景之下，负责人力资源管理的彭蕾开始设计“政委”的角色。在人力资源管理体系中，她设计了一批“政委”，这些“政委”用来辅佐阿里巴巴的销售团队。这些人既做人力资源工作，又懂得公司业务，为公司的销售业绩做贡献。

TCL 集团的副总裁许芳也有一个特别的尊称——“鹰妈”。她在很长一段时间里负责 TCL 集团的人力资源管理工作，其中最突出的贡献莫过于对“精鹰工程”的打造。

从20世纪80年代开始，TCL集团如同中国的一头雄狮，从中国的“磁带大王”“电话机大王”到“彩电大王”，一路都在中国的家电市场上领跑。进入21世纪，当这头雄狮作为中国家电企业国际化探索的重要先驱，带着冲劲出海时，TCL却遇到了海外收购的重创。2006年，TCL集团业绩跌入谷底，但是创始人李东生坚信“鹰的重生”，一只雄鹰在中年的时候，它的器官会衰老，但是如果它可以承受住这个痛苦，新的器官就会长出来，让自己重新展翅高飞。

从2006年开始，TCL集团的人力资源管理工作开启了“精鹰工程”的建设。第一堂课由管理专家陈春花来讲，课间陈春花和许芳交流的时候讲到了“精鹰工程”的可持续性问题，许芳下定了决心要把这项工作持续下去。所以，就这样有了随后10年的培育，许芳也被TCL成员亲切地称为“鹰妈”。10年之后的2016年，TCL集团重新回到中国家电企业的“千亿军团”。比这组数字更亮眼的是，在TCL集团的近千名中层骨干当中，90%以上的人都来自“精鹰工程”。

也许在一些企业看来，人力资源管理工作已经玩不出新的火花，但是看了上面的案例故事，我们可以看到人力资源管理工作可以非常出彩，并且可以成为公司业绩的顶梁柱。

打开人力资源管理和绩效之间的黑箱

如果我们简单地认为人力资源管理的工作就是招聘、培训或者考核，那么其实我们对人力资源管理的认知仍只停留在表面。这些工作是人力资源管理的常规工作，但这些工作本身不是目的。人力资源管理工作的灵魂在于推动企业的绩效，人力资源管理的负责人必须要能打开人力资源管理和绩效关系之间的黑箱。一旦这个黑箱被打开，它就会成为人力资源管理最大的亮点。彭蕾的方式是通过“政委”来为销售赋能，许芳的方式则是通过“精鹰”的孕育来帮助公司重生。

一些人会抱怨人力资源管理工作繁杂又收入不高，原因是虽然做了很多工作，但他们还没有找到切中绩效的关键点。如果明确地把人力资源管理和公司绩效建立关联，人力资源管理的价值就能显现出来，一切都会改善。

不要小看“政委”和“精鹰”，他们表面上看起来好像也没什么特别,“政委”不就是多了一个职位吗?“精鹰”不就是培训吗?这不就是人力资源管理的基本工作吗?如果我们还是用这种眼光来看待问题,实际上是没有触碰到问题的根本,也就是依然没有打开人力资源管理与绩效的黑箱。

营销和文化是人力资源管理的价值创造机会

“政委”的智慧在于它的营销属性,这是对人力资源管理工作的一种根本变革。不妨思考一下:有多少在企业从事人事工作的人熟悉营销工作呢?这就是阿里巴巴不一样的地方,阿里巴巴的一些“政委”甚至就来自于销售队伍。

一般情况下,执掌公司的掌门人往往来自市场或核心研发部门,而来自职能体系的相对较少。但是人力资源管理出身的彭蕾后来就主管了蚂蚁金服,原因在于她的人力资源管理工作当中流淌着市场的基因,使她可以独当一面去创造绩效。从这个角度说,只要全心为企业的绩效去思考和努力,各个体系的人都有机会绽放光彩。

“精鹰”也是如此,表面上看是培训,但是智慧在于这项工作的文化属性。如果了解企业的文化理论,你就会知道企业文化可以带来竞争力,可以把人的行为雕刻为产生竞争力的行为。企业文化可以巧妙地借助一个载体，以此来展示文化的精要。“鹰”就是能表达 TCL 文化的一个载体，鹰从小到大，从艰苦历练到成为雄鹰，这就是它的成长历程，这也是 TCL 想要的样子。当 TCL 的人也成为这个样子的时候，人与企业合一，企业文化就形成了，企业也有竞争力了。人有活力，企业就活了，人是 TCL 的复活之本。

文化的载体非常重要。很多时候，说到企业文化，我们会提到很多制度和条条框框。也许是这些规则太过复杂，使大家不能清晰地知道我们到底要成为什么样子。一个载体，或许是鹰，或许是狼，或许是植物，或者是一些故事，只要能够清晰地表达出企业所期望的行为就能被选作文化的载体。比如选择鹰作为载体时，大家马上就能知道自己应该成为什么样子，这个动物的形象也许比很多文字的理念更能清晰快速地阐明文化，这就是培育“精鹰工程”的逻辑。同样，我们也知道了为什么许芳会成为 TCL 大学的执行校长，因为在她的人力资源管理工作中流淌着文化的基因。

鼓励女性在职场绽放

在一次与“鹰妈”许芳交流的过程中，她常开玩笑说她在企业里就像个当妈的。她对此欣然接受，因为自己要做的就是看准人，关心人，做好这份工作。“鹰妈”这两个字包含了三层意思：雄鹰的力量，女性的智慧和母性的伟大。这也正是许芳想要的样子，而这些特质和智慧也许是男性无法给予的。

这是一个特别值得我们注意的细节，就是“男女搭配，干活不累”的逻辑。许芳和李东生的配合是这样，彭蕾和马云的配合也是这样。在正式的工作当中，我们的确更需要这种协同配合的力量，这才是一个公平社会的气质，才是人力资源的全面开花。当然，这也反映了李东生和马云等企业家作为公司最高领导者对于人力资源核心的准确判断——把人的价值真正发挥出来。

经理人员的成长

2012年，美的集团的何享健老板把董事长的位置交给了一个“外姓人”方洪波。1992年，25岁的方洪波加入美的集团。20年之后，45岁的方洪波成为美的集团的“少帅”。5年之后，方洪波率领美的交出了一份漂亮的成绩单：年销售额从1000亿元进入2000亿元。也就是在5年的时间里，方洪波在1000亿元的巨大基数上，又增长了1000亿元，相当于再造了一个美的。

这样的方洪波是怎样炼成的？1992年方洪波加入美的集团的时候，在总裁办工作；3年后，他深入市场一线；1995年方洪波开始在市场部负责广告工作，随后成为市场部负责人；1997年，美的集团进行事业部改造，方洪波进入空调事业部负责国内市场；2000年，方洪波成为空调事业部负责人，1年后成为负责空调事业部的集团副总裁；2003年，方洪波成为美的制冷家电集团的首席执行官；2013年，方洪波就任董事长兼总裁，正式执掌美的集团。

方洪波为什么可以这样一路往上走？分享一个真实的小故事，你就可以知道了。很多企业在开年会时，经理人都有固定的座次，但美的集团没有——在诸多经理人当中，谁当年的业绩出色，谁的座次就越靠近中间的老板。所以，一看座位，大家就会心知肚明今年的业绩如何。这就是美的集团的基因和传统。创始人何享健始终坚持以业绩论英雄，规模和利润两者都要，否则就是无效率。

这种基因，是方洪波成长的原因，也是美的集团成长的原因。

毫无疑问，方洪波是中国经理人成长的典范。提到成功运用事业部的中国企业，就不得不提美的集团。事业部除了驱动企业整体业绩，另外一个好处就是其经理人可能受到培养成为企业接班人，方洪波就是从美的集团的事业部中走出来的。

短短5年时间方洪波就再造了一个千亿的亮眼业绩，很多人一定对这背后的原因很感兴趣。我们可以从很多角度解答这个问题，尤其是从学术的层面。但是，如果我们回归到对一个企业最高负责人的内在特质的探索上，就能找到问题的根源。

优秀成员身上流淌着组织的基因

方洪波的身上流淌着两个基因。

一个基因是"美的"这两个字。从25岁入职美的的年轻人，到45岁执掌美的的总裁，他在美的扎根了20年。第一个基因背后的名字实际上是忠诚和信任，而忠诚和信任在整个组织进阶的过程当中至关重要。我不反对大家跳槽，但在跳槽的时候大家一定要问自己这件事的本质意义在哪里？因为跳槽对忠诚和信任的损伤很大。我们或许定力不够，但跳槽终归要停下来。时间在一分一秒地流逝，在积累忠诚和信任的路上，我们并没有太多的时间可以挥霍。

每个人身上都应该有市场的基因

另外一个基因就是市场。大家细心留意就会发现，方洪波曾从总裁办扎入到基层市场，之后从市场部来到空调事业部的国内市场——他始终是在市场的线路上。

还有一点也许我们很多人都没有发现，改革开放之后，美的集团从电风扇起家，而电风扇背后的营销本质就是解决制冷问题。方洪波负责的空调事业部和制冷家电集团，可以说一直是在美的集团最为核心的市场线路上。在这个最核心的市场线路上，美的的业绩也一直在猛增。所以，这让美的集团的大本营变得越来越大。反之，也有很多企业没有守住自己的大本营，比如格兰仕的微波炉业务，一旦大本营守不住，公司就会乱了阵脚。

在今天，很多企业的业务线很多。因为每个业务都可能壮大、变化，所以这其实也是机会。从恰当的组织分权管理逻辑上讲，业务越多，事业部或经营体会越自主，每个人发挥和展现自己的空间也就越大，每个人会有更多的创新甚至内部创业空间。在人才赋能时代，每个职能体系的人员在赋能的过程中都有更多机会展现自己的风采，哪怕是被一部分人认为琐事很多的人力资源部门，只要能找到价值创造的点，同样可以变得非常出彩。

精忠双全

透过这两个基因，明确他从零开始的生长逻辑，我们就能知道为什么新的掌门人非方洪波莫属。他也是从零点开始"顺杆爬"，这符合最根本的人才规律。因为，组织当中没有捷径，任何人都是一点一点、一步一步地爬上来的。上述的两个基因，一个代表着"忠诚"，另一个代表着"业绩"，兼具精忠的人一定会是难得的人才。只要携带这样的基因，再造一个美的就不是问题。此外，这个基因的独特之处在于，我们自己可以做出选择。事实上，作为每个人来说，我们只有生命的开始是不能选择的，之后要走向何方，选择权一定是在自己手里，路一定是在自己脚下。“条条大路通罗马”，路径也许不同，但是基因却是相同的。这也是美好绽放的生命对每一个人的共同期许——做更好的自己。

做更好的自己

其实，方洪波没什么特别的，美的也没什么特别的。也许两者只是在职业和事业的道路上比我们更坚定一些，但这点对于成功而言，就足够了。

有业绩又忠诚，这就是经理人最为标准的职业要求。在认同组织的基础上，业绩为王，这是一个经理人的职业素养，也是一个人的职业素养。在这个素养的基础上，一个人会成为经理人，一个经理人也会成为企业家，一个小企业也会成为一个大企业，一个大企业将代代相传。

在这个过程中，企业家需要有胸怀。因为，企业家是在缔造基业长青的企业，而不是把企业等同为家族。如果家族成员有自己的选择，同样可以开辟一片新天地。如果自己缔造的企业与家族成员缔造的企业一起来为国家和社会做贡献，这就是更大的家族情怀，这才是真正的企业家。从这个角度来说，企业家的基因无名无姓，就是精忠报国。

chapter 6

激活组织

组织这个词，本身就有合力的意思。企业能否成长，最终取决于组织能否呈现出来合力。管理者有责任激发出这份组织的合力，并让更多个体有成长的机会，从而凝聚众人做美好的事情。不过，即使力量再大，也只有美好的事情才可以持续，才能让组织可以持续发力。只要我们认真地去做，任何普通的事情也都会焕发出光彩。最后，企业要做的事情永远不要太多，但要聚合一切内外力量来把事情做到最好。这样的组织才具备竞争力并且可以持续。

事业部的高增长

20 世纪 90 年代中期开始，美的集团的销售增长遇到瓶颈。在其年销售额达到 30 亿元的时候，美的增长开始放缓，一度停滞不前。于是，美的集团从分权管理的角度来思考解决问题的方案：集团作为一个个体，在年销售额发展到 30 亿元出现了瓶颈，但是如果按照现有业务把集团分为多个个体，而每个个体的年销售额都能从几个亿成长到 30 亿的话，那么集团作为一个整体，年销售额就可以达到 200 亿元。如果再随着业务的发展继续分拆，美的就可以成长得更大。

于是，1997 年，美的集团开始进行事业部制改造，把集团按照空调、小家电等业务拆解为多个事业部。这种组织调整让绩效立竿见影，使成长的天花板被打破。1998 年，美的空调当年的销售增长达到了 80%，集团全年销售收入增长到了 50 亿元。随后，美的集团迅速突破百亿，并延续分拆的逻辑。进入千禧年后，美的集团持续高速增长，只经过了 10 余年的时间，年销售额就从 30 亿元增长到了 1000 亿元，成了中国家电企业千亿俱乐部中的一员。

值得一提的是，20 世纪 90 年代中期，即便在广东顺德，美的都不是当地最大的家电企业，而是小于同城的科龙。科龙在 1996 年的年销售额就已经高达 45 亿元，但今天美的集团已经成长为中国乃至世界上最大的家电企业之一。

美的集团从反超同城的科龙，到今天与海尔齐头并进，它的成长过程无疑是中国企业高成长的一个典型案例。单就美的集团来说，它增长的秘密是 30 亿元之前靠产品，30 亿元之后靠组织。

要驾驭事业部，先拿出产品来

美的集团的案例让我联想到了一个20世纪初期经典的管理案例——福特汽车公司与通用汽车公司。福特公司依靠产品取得了基础的规模，但是由于集权模式，缺乏组织的力量，最后约束了自己的成长。这也正是美的集团在20世纪90年代中后期的增长遇到瓶颈的原因。而通用汽车按照雪弗兰、凯迪拉克、别克等品牌把公司拆分为多个事业部，释放了组织的力量。同样，美的集团也按照家电品类分拆成多个事业部，进而收获了组织的力量。

但是，一些企业也学习了相似的做法，可是不见成效。美的集团的学习富有成效是因为学到了管理的精髓，而一些企业的无效学习是因为只是学到了管理的皮毛。

事实上，美的集团的管理模式中不仅仅有通用汽车的影子，也有福特汽车的影子，实际上是集合了两者的精华。美的集团创立后的前30年都是在专注产品，才积累了30亿元的初始规模。所以，表面上看美的集团的后续增长非常快，但是离不开它前二三十年的耕耘，这正体现了厚积薄发的道理。当然，在今天的互联网时代，企业的成长速度已经大大加快，也许无需那么长时间的耕耘。但不论如何，企业依旧少不了前期的积累，如果一个企业的地基没有打好，就没有办法在上层结构上做出更高水平的表现。

此外，要学会应用事业部的两个细节，并且这两个细节缺一不可。

一是要有多个产品或市场的战略格局，也就是要先有不同的业务结构才能分拆。如果一个企业的业务和市场都很单一，那就没有办法分拆。

二是要有完善的职能基础，美的集团30亿元的年销售规模意味着各个职能部门已经发育完善，才能分拆给各个事业部。这两个条件也意味着，对于事业部的分拆，最重要的是火候。火候若是不到，不要盲目去拆，美的集团分拆的有效性正是因为把握对了火候。

准事业部制

在今天，如果一家企业的规模还不够大，而市场机会已经足够丰富；企业从战略上需要开展不同的业务，同时又想借助事业部来激励大家和激发组织的成长，我建议这样的企业可以采用准事业部的结构。但是暂时不要把职能部门分拆，要先让各个准事业部共用职能平台，尽管这可能不是长久之计。随着职能部门及每个准事业部的成长，再逐渐把职能资源分配给各个准事业部，让准事业部逐渐长成真正的事业部。

在这个过程当中，必须要确保准事业部能为公司贡献销售规模和利润，尤其是贡献利润。因为事业部的分拆对于公司整体来说是非常消耗成本的，所以事业部必须要有足够的利润贡献，组织整体才能把职能资源单独给这些事业部。否则企业将负担不起拆分成本。

对于一个崭新的业务来说，企业最初可能需要对其多一些扶持，但是它迟早需要成长起来。不然，大家都等着别人或者公司扶持，谁来扶持别人和公司呢？这也意味着，事业部一旦独立就要有自己养活自己的能力，即对盈利能力的要求非常高。很多企业想要高增长，很多经理人都想成为老板，于是企业和经理人都去做事业部的分拆。但是如果事业部自身的造血能力不够，就过早地让事业部独立，反而可能会害了事业部。因此，判断一个准事业部是否可以真正独当一面，一方面要看市场规模，另一方面很关键的就是要去关注利润贡献。这是组织资源分配的基础，也是事业部独立生存的基础。

美好公司的秘密

新希望集团是改革开放后最早被创立的民营企业之一，在20世纪90年代率先成长为中国最大的一批民营企业之一，至今依然是中国农牧行业的领先企业。2013年，刚刚迈入而立之年的新希望集团宣布，创始人刘永好不再担任上市公司新希望六和的董事长，与新希望集团年龄相仿的刘畅任董事长，管理专家陈春花任联席董事长兼首席执行官。

陈春花在10年前就已担任六和集团的总裁，从2003年到2004年，率领六和集团在不到两年的时间里把年销售额从28亿元提高到74亿元，随后继续担任六和集团顾问。3年后，六和集团的年销售额达到了400亿元，迅速成为中国农牧行业的领先企业。又过了3年，四川新希望和山东六和合并为新希望六和，也就是今天新希望集团的上市公司，承担着集团最重要的核心业务农牧板块。

在新希望集团的千亿销售额规模当中，上市公司的比重在七成左右，而其中山东六和则占据了重要的比重。

陈春花从2013年5月开始任职新希望六和公司的首席执行官，在她与刘永好的3年之约后，她卸任回到学校继续做研究和教学。2016年，《财富》杂志评选了A股市场投资回报最高的5家公司，新希望六和超过万科，成为排名第一的上市公司。我们可以看一组对比数据：2013年第一季度，新希望六和公司的净利润同比下滑17%，股价从23元降至8元；而2016年第一季度，新希望六和公司净利润同比增长28%，其中，农牧业务盈利大增了近400%，屠宰加工业务获得84.73%的毛利增幅。同年，陈春花入选《财富》杂志"中国50位最具影响力领袖"。

新的首席执行官上任后，新希望六和得到了进一步的发展，公司的目标也从"成为世界级农牧企业"发展为"成为世界级农牧企业和美好公司"。美好公司有两层寓意：一是员工用奋斗来创造自己的美好生活，二是为消费者提供一块放心好肉。

公司的战略业务也做出了转型，从以养殖端业务为主发展为兼具养殖端与消费者端业务。

同时，组织内部开始变革。占据公司七成业绩的青岛中心被分拆为若干“特区”，并继续划小业务单元，分拆为更多经营单元；中心权力和资源下放至贴近顾客的一线，青岛中心改为服务中心为特区赋能；组建禽肉食品事业部并设立美食发现中心，在研发上招兵买马设立首席科学家；通过“新希望六和十”的战略合作与京东、真功夫、温氏等企业联合推广食品；通过“福达计划”为养殖户送达技术服务，提升养殖效率；重新调整或关闭产能低下的工厂；公司领导者深入基层解决问题，开展“暖心工程”，改善基层人员生活起居等。从战略到组织全部行动起来，最终，新的业绩如期而至。

事实上，我们看到的这一切变化，都是从“美好公司”开始的。这轻巧的四个字看起来好像不太起眼，但是却如同一颗满载生命力的种子，支撑新希望六和在 3 年的时间里新生，再度绽放光彩。我们需要读懂种子当中蕴含的生命力逻辑，这是种子的生命素养。读懂之后，当我们再去学播种的时候，才能让种子本身富有生长的力量。

在意经营的可持续性

成为世界级农牧企业，这是新希望六和始终没有改变的愿景。当我们提到世界级企业这个词的时候，更多是在说规模，包括很多企业梦寐以求的“中国 500 强”和“世界 500 强”榜单，它们的依据都是规模。但在这个榜单中有 3 个暗藏的漏洞，或者说我们没有给予更多关注的地方：一是利润，二是人均产值，三是顾客价值。缺乏这 3 点的时候，不管企业现在拥有多大的规模，未来成长的可持续性都可能会受到影响。

所以 10 年前，山东六和集团的发展阶段是在扩大规模的阶段，企业在 5 年时间里年销售额就从 20 多亿元增长到 400 亿元，取得了行业地位。但是 10 年之后，在其拥有了规模和行业地位之后，新希望六和要做的是传承和面向未来的创新。对于传承和创新来讲，最为核心的是可持续性。“民以食为天”，企业也是以粮食为天。回到现实当中，支撑可持续发展的关键指标就是利润。没有利润，就没有办法给员工分利，就没有办法维持稳定；没有利润，就没有办法为公司开拓未来的业务。因此，缺乏利润会成为传承和创新的最大障碍。

为持续成长埋下美好的种子

古人云："君子爱财，取之有道。"于是，人们就有了美好公司的设想。美好公司不再是讲公司可以取得的成就是什么，而是去尊重人——一部分人是员工，另一部分人就是顾客。很多企业只讲公司的规模有多大，其实这与员工没有多大关系，并没有反映出个人的成长。换言之，很多公司梦寐以求的"世界级企业"的美名未必能打动员工。如果不能打动员工，那谁来为公司卖力呢？

美好公司中的一部分内容就是要求改善员工收入和生活，但是这是在每个人都必须是一个奋斗者的前提下。这样，不仅仅大家会有共鸣，甚至在某种程度上是唤醒了大家。坦白说，公司最大的成本浪费在于员工不能勤奋；反之，人的勤奋也是企业最大的一个利润源头。事实上，对于一个人来说，自己最大的浪费也在于不勤奋，人一旦勤奋起来，创造的价值不只是给予企业，更可以改善自己的生活，这就是美好公司对于奋斗者的许诺。

根据美好公司的许诺,大家会涨工资。但是,每个人必须行动起来,用奋斗者的姿态来承接这份大礼,创造更多的价值。因此,人被激活了,生产一线的产能改善了,养殖户的效率提升了,从而工厂的效率提升了。人和生产的效率都提升了,就保障了利润的提升。

让员工感受到自己的价值

奋斗创收的理念可以安定人心,让人安下心来努力工作,而"一块好肉"的理念更具战略意义。对于这个理念,我解读出了以下三层意义。

第一层意义是拔高了人们的工作价值。因为早前大家常常觉得自己是养猪的,觉得这个活儿说起来不是特别好听或者时尚。但是"一块好肉"的理念清晰地呈现了大家的工作价值:大家不是在养猪,而是在为消费者提供一块健康的好肉。这其中的责任和意义重大,因为大家是在为人们创造美好生活。这种内在价值对人的驱动恐怕不亚于物质条件的驱动。

第二层意义是把顾客价值呈现出来。"一块好肉"就交代了公司要为顾客做的事情是什么。

第三层意义是表达了公司战略布局的核心。毫无疑问，核心就是以顾客为中心。为消费者提供一块好肉已经表达了公司的战略转型方向。肉代表着食品，意味着公司在向食品公司转型。

新希望六和原来主要在养殖端，距离终端消费者比较远。在今天的买方市场或者顾客时代当中，消费者有诸多选择。如果企业不能触及消费者，不被消费者所熟知的话，就可能面临被时代淘汰的危险。

尤其是对位于原始端点的生产者来说，在过去的卖方市场当中，作为生产的起点，一切生产都是从自己这里开始。看起来位于原始终端的生产者好像可以主宰链条，特别是当规模再大一些的时候，就会有更大的话语权。但是，随着卖家数量的增多使得顾客相对稀缺，大家都开始争抢顾客。这个时候，话语权就落在终端消费者手里。谁距离消费者越远，就越需要唤醒自己，不然就会非常危险，哪怕是一家超大企业。

养殖端的企业能否存活下来，要取决于消费端的消费者的情况。整个链条需要一直沿着消费者的需要去摸底，由终端消费者来主导。这也是华为做手机的原因，不仅为了突破增长瓶颈，更是为了触及未来。否则，企业就有可能在未来扑空。

因此新希望六和的整个产业链条方向变了，从养殖端开始生产的产业链变成了从服务消费者端开始的供应链。从生产商向服务商转型，这是"一块好肉"带来的根本变化。

两手抓，两手都要硬

在此背景下，双业务驱动战略才得以诞生。以前或许新希望六和会涉及肉食，但这并不是公司的战略重点，或者说还没有上升到战略的高度，还没有使公司将其集中起来作为资源聚焦的中心。为了达成"一块好肉"的战略意图，公司才有了富有战略意义的肉食事业部、美食发现中心、首席科学家及"新希望六和+"的战略合作，这些赋能都使得肉食事业部的基础得到了充分的强化。

与此同时，这并不意味着传统的养殖端要被"打入冷宫"，它反而需要倍加重视。一方面养殖端是食品端的生产源头，始终都很重要；另一方面这个传统业务是公司的业绩基础。不能只看未来而忽略了现在。

食品端主要是为未来准备的，当期业绩未必十分显著，甚至可能会消耗公司较多的资源，而这些资源都是从当期的业绩中来的。青岛中心分拆为若干特区，划小经营单元，资源下放去激活一线，再加上对一线人员的关心及生产效率的改善，这一切措施从本质上讲是让一线人员更有活力，并且有更多资源来创造顾客价值。这是提升公司业绩的根本。

在3年时间内，公司的利润实现了大幅扭转，面向未来的食品业务也有了一定的基础，为公司未来的发展做好了铺垫。沿着这个战略架构走下去，公司会拥有未来。这个新的未来是属于新一代领袖刘畅要带领大家去承接和创造的未来。

有效的管理需要赢得信任和贡献专业水平

能够做出这一系列动作，于情于理都不容易。于理，需要真正懂得管理；于情，其实“新官上任”要非常小心，如果得不到大家的支持，可能会影响到自己。

虽然对于新希望六和来说，陈春花也许不能算是新官。不论是作为公司总裁还是顾问，她都陪伴公司成长了十几年。六和从一家不起眼的企业迅速成长为行业领袖，同时也陪伴了很多人的成长，很多人已经成为公司的高层或骨干。在陈春花上任之后，她连续数月走访国内外一线厂区，了解企业的真实情况，体察民情，更是在变革的过程中为一线注入强心剂，带来新的希望。总之，正如刘永好所说："陈春花老师有深厚的管理功底，同时在公司和行业都有很高的威望。"

将心注入愿景

如果我们读懂了美好公司这四个字背后的秘密，就应该知道刘永好"三顾茅庐"请陈春花出山的原因了。部分原因如上述所言。此外，外界还有不少人认为刘永好是在帮助女儿刘畅成长，有人把这个过程称作混合式传承，但这还是一种现象的表述。

实质上，更重要的原因是，大家都在努力共同缔造一个可持续成长的美好公司，这对于成员和消费者乃至社会而言是最有意义的。在这份共识的基础上，在扎实的管理实践和理论根基上，新希望六和孕育出了美好公司的种子，随后的成长也不负众望。这一切也都证明了刘永好作为企业家的战略眼光。

美好公司这四个字，让我们看到了愿景的真实力量，这充满智慧的四个字让一个拥有数万员工的千亿企业舞动起来。

愿景是一颗希望的种子，我们要予以善待。如果我们不能将心注入愿景，愿景就只能是一个空壳或口号。美好公司这四个字谁都能说，而能够付出大量的学习和真实的行动就是花架子和练家子的区别。

把普通的事做好

有一家公司在做战略规划时论证了两个方向的预期结果，发现第一个方向要比第二个方向好很多。但在实际要去做的时候，老板却一拍脑袋让大家按照第二个方向去做。于是大家就去做了，没想到做着做着大家发现越来越好。最终竟然在这个看似很一般的方向上做出了非常出色的成绩，远远好过第一个最佳方向的预期。

其实这是一个广泛流传的故事，真实的故事就发生在阿里巴巴。当然这个故事可以从很多角度去讲，但是千言万语都可以化作彭蕾的一句话：“不论马云的决定是什么，我只想让这个决定成为最正确的决定”。

这个案例和这句话都非常精简，但是给人的冲击力却非常大。相信很多人都听过彭蕾的这句话，但是也许绝大多数人都只理解对了一半。简单理解这句话，就是我们要去实现老板的话，不要证明老板是错的。当然再直接一点说，无非就是要听老板的话。

一条好路是走出来的

这反映了一个公司绝对的执行力。从某种程度上说，即便我们做了再详尽的预期和规划，如果我们还没有去执行，谁都不知道到底哪个方向是最好的。举个极端的例子来说，方向A是一条捷径并且目的地明确，而方向B是一个迷宫且前途未卜，如果我们不去真实地走过这两条路，我们会知道哪条路更好吗？

如果我们细细领会，马云从一开始创立阿里巴巴就是在用这个“套路”。马云讲“让天下没有难做的生意”，他的伙伴们听得云里雾里，但最后还是去做了，并且做出了今天的成绩。从这个角度来说，很多人会夸赞马云的领导力。而从彭蕾的角度来看，又有很多人会去称赞阿里巴巴的执行力。这样我们会发现，领导力和执行力分明说的就是一回事，是一枚硬币的两面。当这两面合一时，就是 4 个字“上下同欲”。

分析到这里，真正的答案还没有浮出水面。如果我们只是读懂了执行力的话，也许只是读懂了这句话的一半的一半。因为“上下同欲”还只是对这句话一半的理解，另外一半是话外音，那才是制胜的关键。

战略只有一个方向：顾客

我们不妨再进一步问，以彭蕾为代表的阿里人相信马云，那马云相信谁？这个时候，真正的答案就出来了。马云相信顾客，客户第一，这才是战略的顶级方向，也是阿里巴巴的文化核心和灵魂。所以这句话如果由马云来说就是“不论顾客的决定是什么，我只想让这个决定成为最正确的决定”。

这不是调侃，而是问题的本质。

说到底，战略规划的结果其实是“术”，并不是真正的方向，战略的顶级方向在顾客那里。所以不论是招聘、培训还是考核，阿里巴巴始终是保持客户第一的价值观。这样当大家沿着一条看似并不是最优的路径去走的时候，只要能够秉承客户第一的价值观，只要可以坚守顾客的顶级方向，大家上下同欲，拼命地往这个“术”的方向上不断调整，结果一定是最好的。

从平凡的起点开创不凡之路

阿里巴巴最不一样的地方，也是这家公司讲得非常多的一句话，那就是把平凡变得不平凡。其实，我们可以有第2个到第N个无数平凡的起点，只要去全力以赴地为客户付出，就能让平凡变得不平凡。平凡人也能做出不平凡的事情。换句话说，也许我们在起跑线上不是第一名，但是谁能笑到最后，最终是由自己来定义。

当然这不是说战略规划不重要，相反是在提醒我们在做战略规划时不能规划得太死板。因为环境充满不确定性，而在这种不确定中，唯一确定的是要遵从顾客的顶级方向，要围绕顾客的变化来变。

组织能力很强也许能扭转乾坤

我们要把战略规划和组织的行动力搭配起来。如果一个企业的组织能力不是特别强，或者大家齐心协力的战斗力一般时，就可以在战略规划上选择一个看起来相对合理的方向。相反，如果一个企业的组织能力很强，其实不用太在意战略是不是很合理，哪怕看似是在“吹牛”，但当一个组织有足够的协同作战能力，每一个人也都有足够的干劲的时候，就能把这个看似不合理的战略规划实现。而战略一旦得到实现，不论是曾经被认为是吹牛还是拍脑袋的战略，就都是正确的。如果实现不了，那个看似合理或者最佳的战略也无从验证。

所以“吹牛”不可怕，可怕的是行动力不够。我们不能过度依赖于战略规划而失去行动，否则，任何战略规划的结果都是死路一条。

顾客才是老板

很多人在引用彭蕾这句话时，会把这句话解释为，“不论老板的决定是什么，我只想让这个决定成为最正确的决定”,并且把这句话当成一句铁律。但是我想在这里提供给大家一种更确切的解读:“不论顾客的决定是什么,我只想让这个决定成为最正确的决定。”这让我们每一个人都更加警醒,顾客才是真正的老板。

当然这也不是意味着顾客说什么就是什么。但时刻心存对顾客的敬仰,这是每个企业贡献价值的方向。不论是用什么样的方式,企业都应该争取给顾客的产品或服务要比顾客所期望的还要好。

如果有一天马云不再坚持客户第一,不再信仰对顾客价值的创造,即便阿里人都听马云的话,公司的走势也必定下降。这不是针对阿里巴巴,所有企业都该有此警惕。

读到这里,你还敢说之前读懂那句话了吗?现在懂了之后就行动吧,让自己从平凡变得不凡。

战略要聚焦,组织无边界

爱迪生是伟大的发明家,可能也是最早的产品经理和企业家了。自爱迪生 1892 年创立通用电气以来,通用电气迄今仍然是世界上最具竞争力的百年企业之一。不过和IBM这样的百年企业一样，在20世纪70年代，年过80的通用电气的业绩也跌入谷底。最后通用电气能够重塑活力，离不开一位众所周知的人物——杰克·韦尔奇。在20个世纪的最后20年，韦尔奇率领通用电气起死回生，他也因此被称作世界上最伟大的CEO。

韦尔奇的大名在商界如雷贯耳，在他任职期间，通用电气起死回生的两项管理实践也成了管理理论和实践中最为响亮的两个概念：一个是“数一数二”战略，另一个是无边界组织。这两项实践让通用电气得以再生，并且如同转型后的IBM一样，成了华为的重点学习对象。此外，再生之后的通用电气也成了海尔的重点学习对象。海尔的“拆墙”正是在向无边界组织迈进。

总之，让大象跳舞可以有很多方式，IBM通过转型的方式让大象跳舞，而通用电气则通过“瘦身”的方式让自己变得轻盈，从而舞动起来。除了瘦身，通用电气起舞的另外一个新花样在于开放边界，即不再是自己舞动，而是与狼共舞，联合合作伙伴一起跳动。

聚焦战略×无边界组织=组织激活

通用电气再生的两个关键词:“数一数二”和“无边界”。“数一数二”指的是战略,“无边界”指的是组织。战略和组织缺一不可,两个部分如同父母,给通用电气带来了重生。

当“数一数二”战略遇到了无边界组织,它才发生了产生绩效的协同作用。当中的化学反应在于,“数一数二”战略让通用电气聚焦了市场方向,而无边界组织则最大限度地整合了内外部的力量,在来往战略的焦点上发力,由此激活了通用电气。

聚焦和瘦身的逻辑:组织健康

也许很多人都听过聚焦战略和无边界组织这两个词,但是又未必真正理解聚焦战略的逻辑和“无边界”的组织做法。

如果我们说企业应该聚焦,很多企业都知道这一点,甚至把这一点当作常识来看待。可是最大的问题在于,很多时候企业做着做着就由不得自己了。一方面,企业本身会逐渐长大;另一方面,企业在成长的过程当中总会遇到各种各样的机会。所以一个企业刚开始当然知道自己要聚焦，可是也许有一天自己也不知不觉变成了一个庞然大物。

这时，企业猛然间去照照镜子，才发现自己怎么成了一个自己都不认识的“大胖子”，原因就是因为没能好好把控自己。更可怕的是，这个庞大的身躯中，很多地方已经累积了过多地脂肪，给健康造成了危害。这个时候，聚焦必须从言语转变成行动。

任何人都要直面这一点，要努力为自己的健康负责。同样，企业也应该直面这一点，为组织的健康负责。

这就是真正驱动通用电气聚焦的逻辑，这里的聚焦是真实的行动。到了 20 世纪 70 年代，如同电灯可以有无限的功能，通用电气也几乎成了无所不为的企业。

举例来说，在 20 世纪六七十年代，美国有以 IBM 为首的 8 大电脑公司，这个行业被形象地称作“蓝色巨人和七个小矮人”，而通用电气正是其中的一个小矮人。那时，通用电气虽然也涉及电脑业务，但并没有真正的竞争力。这就是通用电气当时最大的问题，体量很大，但却是“虚胖”，在诸多业务当中都没有竞争力。于是就有了 80 年代开始的“数一数二”战略，意思是剪掉诸多业务，最后要做的业务一定要做到行业数一数二的位置。

警惕失控:用“数一数二”战略时刻敲打自己

“不能一口吃成个胖子”,这是中国的一句老话,非常有智慧。正面来理解这句话,就是告诉我们不要心急;反过来理解就是,如果自己真的变胖了,可能也不是一天两天就变成这样的,说明自己可能有很多的失控行为,所以要提醒我们自律。企业胖起来也是在不知不觉中形成的。因此企业要警惕失控,时常照照镜子,用“数一数二”战略时刻敲打自己。

所以如果只是理解战略本身,只是对“数一数二”这个战略理解了一半而已。因为战略的本质是一种行动,通用电气最厉害的地方在于它把“数一数二”战略变成了公司的一套行动原则。不论是组织还是个人,要做就要做到最好,末位淘汰制就是这样诞生的。

个人和组织都需要高度自律

在今天,很多企业使用末位淘汰制的效果并不好,甚至伤人伤得很厉害,原因就在于不理解这个方法的诞生背景或者应用前提。

这个方法的前提是组织对自身的约束，而不是随意地把压力压在员工身上。如果组织的战略有问题，不能在战略上对准业务核心，员工有再大的能耐都不能表现出高业绩水平。

因此“数一数二”是对个人和组织的同时约束。并且，这个方式的目的不是淘汰人，而是为了让人可以做得更好。一个真正好的企业在做末位淘汰的时候，总是会在末位的部分再想尽办法看看能否帮助人提升。如果实在提升不了，就证明双方可能并不合适，于是再去鼓励这个人去寻找可以更好发挥其价值的组织。

一个好的组织任何时候都是要求做到“数一数二”，如果一个人找到一个不追求上进或者不去聚焦努力的企业，那么即便在那里有一时的舒适或安逸，实质上也是非常危险的，因为自己也许就会随着这家企业一起走下坡路。所以“数一数二”其实是要求我们高度自律。

组织结构不能推翻重建，要一点一点改建

通用电气用无边界组织救活了自己，并且无边界组织也成为组织理论中的前沿概念。于是有些企业也将这个概

念拿来作为己用，结果却发现并不见效。

也许这些人并不真正理解无边界组织，不知道无边界组织的具体做法，甚至都不知道组织结构应该怎么做。学习通用电气的无边界组织一定不能只做表面上的工作。重要的是要看到最关键的环节。

在整个通用电气无边界组织的改造或者建设当中，最关键的一环在于，通用电气是一点一点调整组织的，不是一上来就把全部的通用电气变成无边界组织。无边界组织起初只是一个试点的成功经验而已，随后通用电气才把这个经验推广到整个组织范围。

也许有人会问，为什么要做试点？要回答这个问题，不妨再反问自己：改革开放为什么要先做试点，而不是彻底推翻重建？

这正是很多企业拿无边界组织的结构来用却没有成效的一个重要原因。全盘重建的做法拿任何结构过来都没用，因为这属于结构本身的操作不当。结构代表着复杂的人事关系，也镶嵌着公司的全部资源，除非有足够的把握，否则迅速做全盘颠覆的风险太大，甚至有可能会导致全盘皆输。

改革开放是组织变革的典范

试点也是一种聚焦，因为资源有限，企业需要一个点、一个点地去尝试，才能一点点把事情做成。事实上，无边界组织只是一个非常不起眼的业务的一个成功经验。这个业务就是通用电气的信用卡业务。当时信用卡业务被比作是年迈的老人，没有人愿意收购这项业务，最后只得保留在公司。当这项业务几乎是一无所有的时候，从零开始改变的风险也小。将中国改革开放中的深圳与通用电气中的信用卡业务放在一起比较，就会发现它们之间有非常奇妙的缘分。中国的改革开放和通用电气的无边界组织几乎是发生在同一时间，一个是从一无所有的深圳做开放试点，另一个是从一无所有的信用开业务做开放试点。事实证明，改革开放是对的，无边界组织也是对的。这两种相似的组织变革之所以可以成为有效变革，原因在于从试点开始逐渐推进。

所以当我们在改革开放的大背景之下去讨论今天中国企业的变化与发展时，不要忘了，改革开放本身就是组织变革的典范。

战略聚焦与结构调整双管齐下

信用卡这个业务试点同样经过了战略聚焦和结构调整。先是遵从通用电气“数一数二”战略行动原则，即砍掉多余的信用卡业务，只聚焦在零售商的信用卡业务上。

随后在组织设计上，信用卡业务部的做法是开放垂直边界和内外边界。

开放垂直边界的意思是，老板不再是上级，顾客才是业务部门的老板。这个做法的本质是化解了一个庞大机构的内部官僚主义，即业务经理要听顾客的，换言之，顾客才是真正的业务经理。

开放内外边界的意思是，整合内外部的一切水平力量。一方面是内部各个部门通力合作，另一方面是联合外部价值链的伙伴。结合这些内外部的力量共同来服务顾客这个老板。所以各个业务中心实际上是由内外部伙伴构成，统一为顾客来服务。

拆除文化隔阂，加固组织协同

在信用卡业务上，通过聚焦，无边界组织的力量向焦点发力，信用卡业务像一位年迈的老人重新焕发出青春的活力，在美国零售商信用卡市场上站稳了脚跟。到了 20 世纪 90 年代，一方面，信用卡业务在美国已经接近饱和；另一方面，这项业务还有一定的供应能力。于是，伴随 90 年代美国开启的全球化旋风，信用卡业务也开始在全球布局。这个过程也使通用电气收获了一个无边界组织的新经验，那就是开放文化边界。

西方流传着一个神话故事，一些人想建造一座高塔，可是最后因为彼此语言不通，产生了巨大的内耗，这座高塔最终没能建造起来。这个高塔就像是一个组织，无论是每个部门、地区，还是每个人，如果大家不能齐心协力，一定不能搭出一台好戏。反之，这便是交响乐表演的魅力所在。

企业越大，越容易晃动，其根本原因不是外面的风大，而是塔的结构本身不够稳固。决定塔身稳定的正是各个结构单元能否相互加持，每个人之间能否团结一致。从这角度来说，大企业的风险大，跨国公司涉及的面大，所以风险更大，但是根源还是组织自身的聚合力如何。所以，无边界的好处是将触及到的越来越多的力量聚合起来，而不是让力量之间发生内耗。

看不见的手:动静相宜的文化

当信用卡业务走向全球时,因为各个地区有不同的语言和文化,如果大家不能达成共识,整个组织就会散掉,也许这项业务还会再度失去竞争力。于是通用电气的信用卡全球业务部制定了21条全球统一的经营准则,让大家拥有共同的语境和工作方法。

当然,用文化加固组织并不是说让组织变得僵化。一方面,文化作为共识可以使组织中的不同个体和部分形成协作,从而让组织的塔身结构粘合起来;另一方面,文化除了作为共识的功能,还要起到改变的作用,就像是IBM愿意转型,通用电气愿意瘦身一样。只有这样,组织的高塔才能有型,立于不败之地。当某个业务结构不再有竞争力的时候,或者已经完成了自己在公司的使命,到达了生命周期的终点时,企业可以果断地拿掉这个部分。在整个过程中,战略和结构都是能够被看得到的,唯独文化是无形的。而该凝固的时候凝固,该融合的时候融合的这种灵动性,就是文化。

因此在战略和结构的共识和改变当中,其实文化一直都在。

让业务在自己手上获得新生

20 年的时间，信用卡业务从一个几乎被抛弃的业务成为通用电气成长最快和最赚钱的业务，这就是通用电气的秘密——用无边界组织的方式把业务做到数一数二。此外，通用电气又是一个大的无边界组织，这个大的组织又是由若干可以做到数一数二的无边界组织构成。当然，每个业务都有其生命周期，今天的通用电气已经将信用卡和白色家电出售。这意味着如同 IBM 一样，这家百年世界级企业也正在布局新的未来。

另外，需要说明的是，对于一项业务的交易，买卖双方都有各自的立场和战略逻辑，同一个业务对不同阶段或不同情况的双方有不同的意义，作为其中的任何一方来讲，只需要关注好利于聚焦的业务即可，即做好现在并平衡好未来。其中最重要的是走好自己的路。所以当今天的海尔接过通用电气的白色家电大旗的时候，我们应该给予鼓舞，鼓舞海尔可以像通用电气一样，赋予一个业务新的生命，这才是海尔可以从通用电气身上学到的东西，这比直接到手的数百亿销售额更加珍贵。

构建扎实的系统能力

回归到战略与组织协同的主题上来，这句话实际上是一语双关。

一方面，一个企业必须同时要借助战略与组织的协同力量，这两个产生绩效的关键因素缺一不可。另一方面，由于组织本身就是由若干结构单元构成，如无边界组织所展示的，不仅仅是有内部单元，还会涉及外部单元，这意味着组织内部必须要相互协作，并且还要和外部伙伴相互协作才能让组织拥有实现战略的能力，这就是组织协同。而这个协同的中心就是企业文化，因为有共识，大家才能组合在一起。此外，由于战略可能会涉及不同的业务单元，这要求各个战略业务之间也需要有协同性，而不是盲目地开展多元业务，这个协同中心就是核心能力。

由此看来，一个企业到底有多大能耐，就要看组织的系统能力高低。这个能力可以用一个公式来表达，即“系统能力＝战略×组织＝基于核心能力的战略协同×基于企业文化的组织协同”。

如此来看，一个企业要有竞争力，要走向 100 年，甚至要走得更久，必须要有足够的系统能力。这个能力大范围上讲是要有战略和组织的协同能力，具体来说，战略上又需要做到业务协同，组织上要做到结构协同。很多企业之所以做不到这一点，原因就在于缺乏底层架构，没有构建支撑战略协同和组织协同的根基。

因此，企业必须要拥有核心能力和企业文化的底层作为支撑，而这不是短时间内能建成的。“冰冻三尺，非一日之寒”，核心能力和文化的打造都需要企业投入长久的时间和耐力，这在很多管理百年的企业身上体现得淋漓尽致。

马云在创立阿里巴巴不久后就邀请在通用电气工作十余年的关明生来帮助构建企业文化。阿里巴巴的文化也是这样一点点成长起来的，从一开始“要让天下没有难做的生意”的满腔热血开始，到“六脉神剑”的搭建和考核，也历经数年。虽然公司的员工越来越多，但正因为有文化共识这根“绳子”拴着大家，企业才没有散掉，才能拧成一股绳，让组织有力量完成心中的战略愿景。而对于每一个员工和个体来说，因为聚合在一起，拧成一股绳，才能完成一个人根本做不成的事情，这就是组织管理的魅力。

首席执行官的顶层设计:让战略与组织协同

最后,反思一个最为重要的问题,战略与组织不能协同发挥作用的原因在哪里?这就又重新回到了最初的问题:在协同效应中,战略与组织的内容分别是什么?切记,是“战略要聚焦,组织要无边界”。之所以提醒我们要反思,原因在于,在现实当中,我们常常把这两个部分用反,即企业在战略上漫无边界,什么都做,但是在组织上又是自我封闭,导致做任何事情力量都不够,最终一事无成。这是很多企业容易犯的错误,这也正是战略与组织不能发挥协同效力的原因。

所以,除了夯实核心能力和企业文化的底层基础,企业不应该忽略顶层设计。如同韦尔奇一样,从战略上把无所不做的通用电气聚焦到数一数二,从组织上把官僚和封闭的通用电气变成开放的无边界组织,这个顶层设计符合了战略与组织的协同规律,才让通用电气得以再生,也许也正是因为这个与众不同的管理智慧,才使韦尔奇被誉为“世界上最伟大的首席执行官”。

自我管理:做卓有成效的首席执行官

这个道理对每个人而言也是同样的。每当我们心力交瘁,忙得不可开交却没有忙出成绩时,一定是在自我管理上出现了问题,其中就有可能是陷入了战略与组织的协同误区——什么都想做,而又没有积蓄起相应的力量。

张瑞敏有一句话说得非常好:“人人都是首席执行官。”当然人人都是首席执行官,因为人人都是自己命运的主人。但是要主宰好自己,得珍惜自己的主人翁身份,得懂得管理好自己。不然一个不懂得管理的首席执行官,一定不会拥有绩效。所以我们作为首席执行官,要唤醒自己的绩效,必须要懂得管理的逻辑,其中的关键就是在自我管理中做到战略与组织的协同。

比人人都是首席执行官更为重要的是,人人都要成为拥有绩效的首席执行官,就像是韦尔奇和张瑞敏一样。韦尔奇和张瑞敏让人尊重就是因为卓有成效。

后记

本书写到这里就结束了。首先我想要感谢读者，无论您是一开始就翻到这里，还是已经看了前面的一些内容，我都想对您表示深深的感谢。这种感觉，就像是自己的付出获得了别人的关注一样，真是发自内心的感谢！

除了读者，我还想对我的恩师陈春花教授致以深深的感谢。古人云："一日为师，终身为父。"10 年前我跟随陈教授研读博士，陈教授对我有超过 10 年的师恩。我很想报答恩师，可是想来想去，唯有沿着研究企业的方向刻苦钻研，才是最好的报恩；唯有让自己不断进步，才对得起老师的培育。也许，我们每个人都是如此。不能做好自己，又拿什么报恩呢？

当然，我还要特别感谢现代企业百年的发展。我想不论是写作、阅读，还是工作者、学习者和消费者，都受益于推动时代进步的每一个人和企业，以及各种优秀的组织。没有这些，我们没有办法学习，也不会有进步的阶梯。反过来说，我才要求自己努力去做真正有价值的研究。我们每个人也应该做好自己的工作和学习，这样才能为后人提供便利。

我还要特别感谢自己有幸接触到的一切学习机会，不论是阅读、教学，还是企业调研，都让我收获良多。以讲课或是讨论的方式，我与不少创业者和管理者有过深入交流。这让我懂得大家的困惑和不安，也驱动着我在穿越百年企业发展的时空当中，去寻找让大家信服和有所启发的答案。我还要感谢邀请我担任管理顾问的企业，出于尊重或是一些其他原因，这里不方便公开提及企业的名字。我的每一次研究和写作也是在充实和提升我自己，这让我有更充沛的能量和更明确的判断力来回馈所服务的企业。

还要格外感谢让这本书成型的诸多伙伴。蓝狮子财经出版中心的陶英琪主编一直在表达对我创作的兴趣并给予了大力支持，钱晓曦女士、韦伟女士、傅雅昕女士等很多专业编辑老师都在为我的创作打气并贡献出各自的智慧，这让我非常感动。我始终觉得，一本书除了我能贡献的文字，任何地方都不是凭空而来的，包括排版、设计，甚至纸张和印刷、运输和分销等，都得有人来做才行。很多人的名字我可能不知道，但是我知道大家在帮助我，非常感谢！

最后要深深地感谢我的家人。这是我第一次在书中感谢我的家人。我要谢谢我的父母,尤其是我的母亲。母亲虽有眼疾,但总是从光明的角度去看问题,教会了我阳光正向的思维方式。谢谢我的太太和两个可爱的儿子,我常常写作到深夜才回家,太太和孩子都睡了,但总有一盏灯为我亮着。

感谢暖暖的家！感谢祖国,有国才有家！

愿我们共同努力,建设更美好的家园。

参考文献

1. 阿什肯纳斯 R,尤里奇 D,吉克 T,克尔 S. 无边界组织 [M]. 姜文波,刘丽君,康至军,译. 北京:机械工业出版社,2016

2. 彼得斯 T J,沃特曼 R H. 追求卓越[M]. 胡玮珊,译. 北京:中信出版社,2007

3. 陈春花,刘祯. 水样组织:一个新的组织概念[J]. 外国经济与管理,2017,39(7):3～14

4. 陈春花. 改变是组织最大的资产[M]. 北京:机械工业出版社,2017

5. 陈春花. 经营的本质[J]. 北京:机械工业出版社,2016

6. 德鲁克 P F. 管理的实践[M]. 齐若兰,译. 北京:机械工业出版社,2008

7. 德鲁克 P F. 公司的概念[M]. 慕凤丽,译. 北京:机械工业出版社,2009

8. 福特 H. 我的生活与工作[M]. 梓浪,莫丽芸,译. 北京:北京邮电大学出版社,2005

9. 郭士纳 L. 谁说大象不能跳舞? [M]. 张秀琴,音正权,译. 北

京:中信出版社,2010

10. 金 W C,莫博涅 R. 蓝海战略[M]. 吉宓,译. 北京:商务印书馆,2016

11. 柯林斯 J,汉森 M T. 选择卓越[M]. 陈召强,译. 北京:中信出版社,2012

12. 柯林斯 J,波勒斯 J I. 基业长青[M]. 真如,译. 北京:中信出版社,2009

13. 柯林斯 J. 从优秀到卓越[M]. 俞利军,译. 北京:中信出版社,2009

14. 柯林斯 J. 再造卓越[M]. 蒋旭峰,译. 北京:中信出版社,2010

15. 蓝狮子. 鹰的重生[M]. 北京:中信出版社,2012

16. 刘祯,陈春花,徐梅鑫. 经营、管理与效率:来自管理经典理论的价值贡献[J]. 管理学报,2012,9(9):1268~1276

17. 刘祯,徐梅鑫,王家宝. 刘永好:领先半步[M]. 北京:新世界出版社,2016

18. 刘祯. 管理的内容[M]. 上海:上海交通大学出版社,2017

19. 麦基 S. 品牌力:世界级品牌的管理艺术[M]. 刘祯,译. 北京:经济管理出版社,2017

20. 钱德勒 A D,麦克劳 T K,特德洛 R S. 管理的历史与现状

[M]. 郭斌，译. 大连：东北财经大学出版社，2007

21. 钱德勒 A D. 战略与结构[M]. 孟昕，译. 昆明：云南人民出版社，2002

22. 斯科特 W R，戴维斯 G F. 组织理论：理性、自然与开放系统的视角[M]. 高俊山，译. 北京：中国人民大学出版社，2011

23. 斯隆 AP. 我在通用汽车的岁月[M]. 刘昕，译. 北京：华夏出版社，2005

24. 泰勒 F W. 科学管理原理[M]. 马风才，译. 北京：机械工业出版社，2009

25. 塞姆勒 R. 塞氏企业：设计未来组织新模式[M]. 师东平，欧阳韬，译. 杭州：浙江人民出版社，2016

26. 谭开强. 美的传奇[M]. 北京：新世界出版社，2009

27. 沃尔顿 S W，休伊 J. 富甲美国[M]. 杨蓓，译. 南京：江苏凤凰文艺出版社，2015

28. 谢家华. 三双鞋[M]. 谢传刚，译. 北京：中国工商联合出版社，2011

29. 扬 J S，西蒙 W L. 活着就为改变世界[M]. 蒋永军，译. 北京：中信出版社，2010

30. 周志友. 德胜员工守则[M]. 合肥：安徽人民出版社，2006